介護予防に効く
楽しい「体力別」「体力別」
レクリエーション

現場で使える 実践のポイント

特定非営利活動法人日本介護予防協会理事長
豊岡短期大学教授
中村容一 著

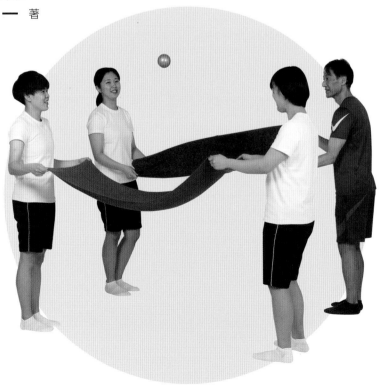

メイツ出版

はじめに

日本は年々、平均寿命が伸び続け、現在では世界一の長寿大国となりました。この事実だけを見ると非常に喜ばしいことなのですが、その一方で少子化に歯止めがかからず、平均年齢は上がり続け、二〇二二年現在、48歳を超えています。

長生きできるようになったとしても、たとえば寝たきりになり、健康的な生活が送れないのであれば、本人にとっても、介護する側にとっても、望ましい状態とは言えないでしょう。

介護業界から見ると、介護福祉士等、介護業界に従事する方々の人数は、要介護者数に対して慢性的に不足していると言わざるを得ません。また、高齢者が高齢者を介護する、いわゆる『老々介護』も社会問題化して久しいだけでなく、解決の糸口はいまだ見つけられないままとなっているのが現状です。

少し話が変わりますが、以前、私は数日間ベッドに滞在し続ける実験に参加したことがあります。24時間ベッドの上で生活する過酷なものでしたが、みるみるうちに筋肉がやせ細り、一週間ほどで立つことさえ苦痛に感じるほどでした。

寝たきりになるとは、まさにこの状態で、一週間でさえ立つことが辛く感じるのであれば、それがさらに長くなれば、より一層、体力は急激に衰えていくことは想像に難くありません。

本書は、専門的なトレーニングではありませんが、高齢者の方が気軽に楽しく体を動かすことができるレクリエーションをまとめました。たとえ簡単な動きであっても、体を動かす、動かし続けることは、介護予防を考える上で、非常に重要なことです。高齢者の方々が、自発的に体を動かそうと前向きに考えてもらえる『きっかけ』や『動機付け』として本書で紹介するレクリエーションを取り入れていただき、一人でも多くの方の健康寿命を伸ばす一助となれば幸いです。

中村容一

もくじ

3

体力の判定方法と判断基準

　本書は、「低体力者」「中体力者」「高体力者」と、体力に応じたレクリエーションを紹介しています。

　可能であれば、レクリエーションを行う対象者の体力を測定し、体力レベルを把握した上でレクリエーションを実施するのが望ましいでしょう。

　なお、各種目の測定値に該当する体力レベル（低体力、中体力、高体力）のレクリエーションから始めていただくことをお勧めします。そのレクリエーションで安全に楽しく行えるようであれば、さらに上の体力レベルのレクリエーションを、難しいようであれば、ひとつ下の体力レベルのレクリエーションを行うとよいでしょう。

　また、この基準はあくまでも目安であり、必ず測定した数値に該当するレクリエーションを行わなければならない、というものではありません。実施者が辛そうなのか、あるいは物足りないと感じているのかによって、レベルを変えていただいて構いません。

　体力レベルの測定には、握力計や測定器、測定用紙などを用います。ここでは、それらの専門用具を用いて測定していますが、握力計以外は代用が可能です。必ずしも購入しなければ計測できないというわけではありません。

■上肢の体力レベルを測定する種目
●握力（kg）　～握る力、ものを掴む力を測る～
測定方法（手順）

1　肩幅に脚を開いた立ち姿勢で、被検者に握力計を軽く握ってもらいます。

2　被検者が握りやすい握り幅になるよう、ダイヤルで調節します。

3　腕を下げ体側につけた状態で、被検者に握力計を可能な限り強く握ってもらった後、測定値を記録します。

握力の判断基準

年齢	男性					女性				
	低体力		中体力	高体力		低体力		中体力	高体力	
	低い	やや低い	標準	高い	非常に高い	低い	やや低い	標準	高い	非常に高い
60〜64歳	≦ 24	25〜29	30〜38	39〜43	44 ≦	≦ 15	16〜20	21〜29	30〜34	35 ≦
65〜69歳	≦ 22	23〜27	28〜36	37〜41	42 ≦	≦ 13	14〜18	19〜27	28〜32	33 ≦
70〜74歳	≦ 20	21〜25	26〜34	35〜39	40 ≦	≦ 11	12〜16	17〜25	26〜30	31 ≦
75〜79歳	≦ 18	19〜23	24〜32	33〜37	38 ≦	≦ 10	11〜14	15〜23	24〜28	29 ≦
80歳以上	≦ 15	16〜20	21〜29	30〜34	35 ≦	≦ 8	9〜11	12〜20	21〜25	26 ≦

■下肢の体力レベルを測定する種目

●連続立ち上がり動作（回/30秒）　〜太腿の筋肉の持久力（長く動かせるかどうか）を測る〜

測定方法（手順）

被検者に背もたれのある椅子に浅めに座ってもらい、脚を肩幅程度に広げ、両手を交差して肩に添えてもらいます。

合図とともに両脚で椅子から真っ直ぐ立ち上がってもらいます。

②で立ち上がったら、すぐに座ってもらい、さらにすぐに立ち上がってもらいます。この動作を30秒間繰り返し、立ち上がれた回数を記録します。

連続立ち上がり動作の判断基準

年齢	男性					女性				
	低体力		中体力	高体力		低体力		中体力	高体力	
	低い	やや低い	標準	高い	非常に高い	低い	やや低い	標準	高い	非常に高い
60〜64歳	0〜13	14〜19	20〜25	26〜31	32 ≦	0〜13	14〜18	19〜23	24〜28	29 ≦
65〜69歳	0〜13	14〜17	18〜21	22〜25	26 ≦	0〜11	12〜16	17〜21	22〜26	27 ≦
70〜74歳	0〜11	12〜15	16〜20	21〜24	25 ≦	0〜9	10〜14	15〜19	20〜23	24 ≦
75〜79歳	0〜10	11〜14	15〜17	18〜21	22 ≦	0〜8	9〜12	13〜17	18〜21	22 ≦
80歳以上	0〜9	10〜13	14〜16	17〜19	20 ≦	0〜8	9〜12	13〜16	17〜19	20 ≦

●開眼片足立ち（秒/30秒）　〜静止した状態で平衡性（バランス機能）を測る〜

測定方法（手順）

被検者に、両手を腰に当てた状態で立ってもらいます。

被検者の利き手側の脚のかかとを、前方へ軽く浮かせてもらい、姿勢を正し、安定したらストップウォッチをスタートさせタイムを計ります。

30秒間、バランスを崩さなければ終了します。

30秒経過する前にバランスを崩した場合は、再度、測定を行います。それでも30秒もたない場合は、その時間を記録します。

開眼片足立ちの判断基準

年齢	男性					女性				
	低体力		中体力	高体力		低体力		中体力	高体力	
	低い	やや低い	標準	高い	非常に高い	低い	やや低い	標準	高い	非常に高い
60〜64歳	0	1〜5	6〜10	11〜29	30 ≦	0	1〜5	6〜10	11〜29	30 ≦

※開眼片足立ちについては、年齢による数値の差はありません。

●T&G（Timed Up & Go）（秒）　〜座位、立位、移動（歩行）、姿勢変換の遂行能力を測る〜

測定方法（手順）

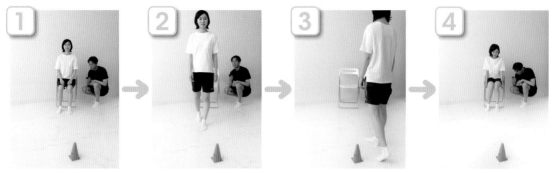

| **1** 被検者に椅子に座ってもらいます。 | **2** 合図とともに椅子から立ち上がってもらい、3メートル前方に置いたマーク（ここではコーン）に向かって歩行で移動してもらいます。合図とともにストップウォッチもスタートしておきます。 | **3** コーンを素早く回り、椅子に戻ってきてもらいます。 | **4** 椅子まで戻り座った時点でストップウォッチを止め、その時間を記録します。 |

T&G（Timed Up & Go）の判断基準

年齢	男性					女性				
	低体力		中体力	高体力		低体力		中体力	高体力	
	低い	やや低い	標準	高い	非常に高い	低い	やや低い	標準	高い	非常に高い
60〜64歳	10.0 ≦	9.9〜9.0	8.9〜7.1	7.0〜6.1	6.0 ≧	10.0 ≦	9.9〜9.0	8.9〜7.1	7.0〜6.1	6.0 ≧
65〜69歳	10.5 ≦	10.4〜9.5	9.4〜7.6	7.5〜6.6	6.5 ≧	10.5 ≦	10.4〜9.5	9.4〜7.6	7.5〜6.6	6.5 ≧
70〜74歳	11.0 ≦	10.9〜10.0	9.9〜8.1	8.0〜7.1	7.0 ≧	11.0 ≦	10.9〜10.0	9.9〜8.1	8.0〜7.1	7.0 ≧
75〜79歳	11.5 ≦	11.4〜10.5	10.4〜8.6	8.5〜7.6	7.5 ≧	11.5 ≦	11.4〜10.5	10.4〜8.6	8.5〜7.6	7.5 ≧
80歳以上	12.0 ≦	11.9〜11.0	10.9〜9.1	9.0〜8.1	8.0 ≧	12.0 ≦	11.9〜11.0	10.9〜9.1	9.0〜8.1	8.0≧

■体幹の体力レベルを測定する種目
●長座位体前屈（cm）　〜体の柔らかさを測る〜

測定方法（手順）

| **1** 被検者に、背筋と両脚を伸ばして床に座ってもらい、両手で挟むように測定器を持ってもらいます。この状態から肘を伸ばした姿勢で測定器の数値を「0」にします。 | **2** ①から膝を曲げず息を吐きながら、測定器を前方に限界まで押してもらいます。 | **3** 限界まで達したら、被検者には手を離して元に戻ってもらいます。 | **3** 測定値を記録します。 |

握力の判断基準

年齢	男性					女性				
	低体力		中体力	高体力		低体力		中体力	高体力	
	低い	やや低い	標準	高い	非常に高い	低い	やや低い	標準	高い	非常に高い
60〜64歳	≦ 10	11〜20	21〜39	40〜49	50 ≦	≦ 10	11〜20	21〜39	40〜49	50 ≦
65〜69歳	≦ 7	8〜17	18〜36	37〜46	47 ≦	≦ 10	11〜20	21〜39	40〜49	50 ≦
70〜74歳	≦ 4	5〜14	15〜33	34〜43	44 ≦	≦ 10	11〜20	21〜39	40〜49	50 ≦
75〜79歳	≦ 1	2〜11	12〜30	31〜40	41 ≦	≦ 10	11〜20	21〜39	40〜49	50 ≦
80歳以上	≦ 0	1〜8	9〜27	28〜37	38 ≦	≦ 7	8〜17	18〜36	37〜46	47 ≦

※測定器がない場合、コの字型の台や段ボールをコの字型にしたものを用いて、移動距離を測定します。

●ファンクショナルリーチ（FR）（cm）　～動きながら平衡性（バランス機能）を測る～

測定方法（手順）

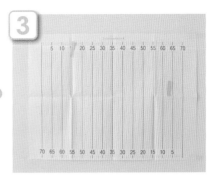

被検者に、測定用紙に並行して立たせ、両手を肩の高さまで上げてもらいます。測定用紙がない場合は、両手を肩の高さまで上げたときの中指の位置を、印などをつけて記録しておきます。

中指の先をスタート地点（0cm）とし、脚を動かさず両手を前方へ伸ばしてもらいます。

限界まで伸ばしたら、その位置を記録し、被検者に元の位置に戻ってもらったのち、測定値（移動距離）を記録します。

ファンクショナルリーチ（FR）の判断基準

年齢	男性					女性				
	低体力		中体力	高体力		低体力		中体力	高体力	
	低い	やや低い	標準	高い	非常に高い	低い	やや低い	標準	高い	非常に高い
60～64歳	≦ 20	21～25	26～30	31～35	36 ≦	≦ 16	17～21	22～26	27～31	32 ≦
65～69歳	≦ 16	17～21	22～26	27～31	32 ≦	≦ 15	16～20	21～25	26～30	31 ≦
70～74歳	≦ 14	15～19	20～24	25～29	30 ≦	≦ 13	14～18	19～23	24～28	29 ≦
75～79歳	≦ 8	9～13	14～18	19～23	24 ≦	≦ 12	13～17	18～22	23～27	28 ≦
80歳以上	≦ 7	8～12	13～17	18～22	23 ≦	≦ 6	7～11	12～16	17～21	22 ≦

※測定用紙を用いた測定では、本来、手順1で中指の位置が0を指すよう、被検者の立ち位置を調整します。しかし、立ち位置を微調整するよりも、ここで紹介したように印をつけ、移動した距離を計測しても構いません。
なお、測定用紙がない場合も、ここで紹介した方法で移動した距離を計測することが可能です。

体力測定以外での歩行能力による判断基準

　体力の判断基準では、器具を用いるなどして、数値として体力レベルを判断しました。しかし、実際には器具などを用いての大掛かりな測定となると、実施するのが困難な場合も考えられます。

　そこで、体力測定が難しい場合は、日々の生活から体力レベルを推測してもよいでしょう。体力レベルが如実に現れるのは歩行です。下記を目安に、体力レベルを判断することも可能です。

●低体力者の判定
ひとりで歩くのが困難な場合はもちろんですが、ひとりで歩くことが可能であっても、手すりや杖などを使う必要がある。

●中体力者の判定
杖などを用いず、ひとりで30分程度、継続して歩くことが可能。また、ひとりで階段の昇り降りをすることができる。

●高体力者の判定
ひとりで1時間以上、継続して歩き続けられる。

本書使用時の留意事項

　本書は高齢者の方が気軽に楽しめるレクリエーションをまとめています。また、「低体力」「中体力」「高体力」と、体力別にカテゴライズし、それぞれの体力レベルに応じた内容のレクリエーションを掲載しています。体力レベルを判定するには、ここで紹介した「体力の判定方法と判定基準」を参考にしてください。

　しかしながら、レクリエーションは筋力トレーニングのように特定部位の強化を狙った運動とは異なり、全身を使う（動かす）ものも多く含まれています。上肢のみ、あるいは下肢のみで行うレクリエーションであれば、判定基準を目安に行っていただいて構いませんが、全身の運動をともなうレクリエーションでは、たとえば『下肢の体力は「高」だけれど、上肢の体力は「低」の判定であった』といった場合、判断に迷う可能性もあります。

　本書で紹介しているレクリエーションは、筋力強化を主目的としているわけではありませんので、基本的にどの体力レベルであっても、すべてのレクリエーションを行うことが可能です。体力別のカテゴライズは、該当する体力レベルであれば、より楽しく取り組めるという目安であるとお考えください。

　ただし、「低体力」判定の方が「高体力」のレクリエーションを行う場合、内容や使用する部位によっては、難しく感じたり辛く感じたりする場合も考えられます。そのような場合は、様子を見て異なるレクリエーションを提案してあげてください。

　逆に、「高体力」判定の方が、「低体力」カテゴリーのレクリエーションを行っても構いません。指導者の方は、実施する高齢者の方々が「楽しく行えているかどうか」を、注意深く見守り、「辛そう」なのか「物足りなさそう」なのかで、種目を選ぶことをお勧めします。

本書の使い方

・手順
レクリエーションの行い方を、順を追って解説しています。

・タイトル
ここで行うレクリエーションの具体的な内容です。

・声例
掛け声などが必要なレクリエーションでは、声かけ例を記載しています。

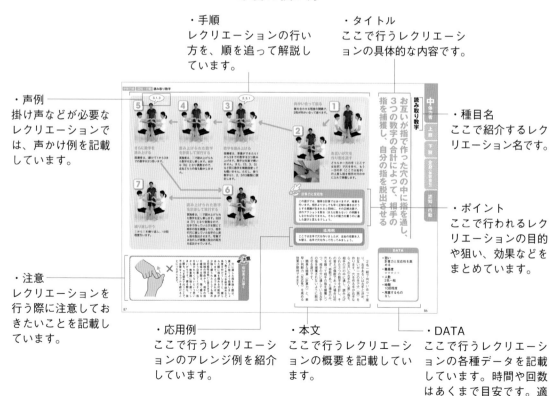

・種目名
ここで紹介するレクリエーション名です。

・ポイント
ここで行われるレクリエーションの目的や狙い、効果などをまとめています。

・注意
レクリエーションを行う際に注意しておきたいことを記載しています。

・応用例
ここで行うレクリエーションのアレンジ例を紹介しています。

・本文
ここで行うレクリエーションの概要を記載しています。

・DATA
ここで行うレクリエーションの各種データを記載しています。時間や回数はあくまで目安です。適宜、変更してください。

低体力者

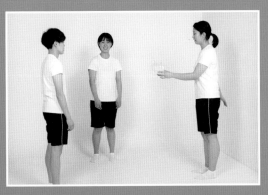

- タオルねじり
- 紙鳴らし
- 紙コップ重ね
- ビニール袋バレー
- ティッシュペーパーバランス
- 足指ペン
- ペットボトル立て
- ペットボトルふた運び
- 新聞陣地取り
- ペットボトル転がし
- 紙飛ばし
- ボール回し（横）
- ジェスチャーゲーム
- 新聞ボール送り
- 背中を使った伝言ゲーム
- 割り箸入れ
- 筒通し
- キャップカーリング

タオルねじり

タオルの端を両手でつまみ、回してねじったり引っ張って元に戻す

①

ハンドタオルの両端をつまむ
広げたハンドタオルの両端を、両手でつまむように握ります。

ポイント ウォーミングアップの位置づけ

このレクリエーションは、低体力で、かつ上肢の筋力が衰えている方に有効です。しかし、同じ低体力であっても、上肢、特に腕の力があまり衰えていない方には、少し物足りなく感じるかもしれません。そのような場合、ウォーミングアップの位置づけとして導入するとよいでしょう。

応用例

ハンドタオルよりも少し大きめのタオルや、同じハンドタオルでも、水に濡らして重くし、負荷を高めた状態で行ってもよいでしょう。

ハンドタオルの両端を両手でつまむように握り、胸の前付近まで持ち上げます。その状態から、前方または後方に回転させてねじり、左右に引っ張って元に戻す遊びです。

競技性はありませんが、簡単な遊びとして取り入れてみましょう。簡単な動きに見えますが、ものを握る力が衰えていると、腕を挙げていることそのものが困難な場合があります。そのような低体力の方にとっては、主に前腕やものを握る力を高める効果が期待できます。

DATA

- 狙い
  上肢と握る筋力を高める
- 難易度
  ★☆☆☆☆
- 人数
  1名
- 時間
  前後5回程度
- 用意するもの
  ハンドタオル

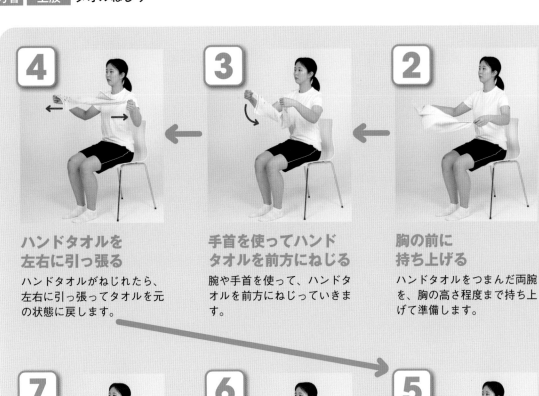

4
ハンドタオルを
左右に引っ張る
ハンドタオルがねじれたら、左右に引っ張ってタオルを元の状態に戻します。

3
手首を使ってハンド
タオルを前方にねじる
腕や手首を使って、ハンドタオルを前方にねじっていきます。

2
胸の前に
持ち上げる
ハンドタオルをつまんだ両腕を、胸の高さ程度まで持ち上げて準備します。

7
前後を5回程度
繰り返す
3から6を5回程度繰り返し行います。その都度休まずに、続けて行いましょう。

6
ハンドタオルを
左右に引っ張る
ハンドタオルがねじれたら、左右に引っ張ってタオルを元の状態に戻します。

5
手首を使ってハンド
タオルを後方にねじる
続けて、次は腕や手首を使って、ハンドタオルを後方にねじっていきます。

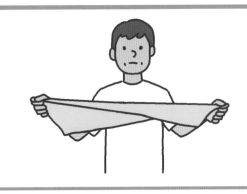

注意

引っ張ったままでは
ねじれない

ハンドタオルの端を持って広げたとき、強く引っ張り過ぎてしまうことがあります。ハンドタオルをねじる際、このように左右に強く引っ張ったままでは、うまくねじることができなくなってしまいます。そこで、少し両腕を近づけ、ハンドタオルの中央をたるませた状態でねじるよう指導しましょう。

紙鳴らしを作り、鳴らして遊ぶ

紙鳴らし

紙鳴らしを持って用意する

紙鳴らしの持ち手部分を親指と人差し指でつまんで持ちます。

人と手首を曲げて紙鳴らしを引き上げる

写真のように肘と手首を曲げ、紙鳴らしを引き上げます。

応用例

大きさの違う数種類の紙鳴らしを用意し、大きいものから順に鳴らしていき、どの大きさ（小ささ）まで鳴らせるかを競ってもよいでしょう。あるいは、一種類の紙鳴らしを一定の時間内に何回鳴らせるかを競う方法もあります。

紙鳴らしをつくり、鳴らして遊びます（折り方はＰ48参照）。

鳴らす際には、腕を振る必要がありますが、この動きは瞬間的な力の発揮が必要となるため、上肢全体の筋力を高める効果が期待できます。

ここでは一種類の紙鳴らしを鳴らしていますが、大きいものほど鳴らしやすい（開きやすい）ので、体力などに応じて使い分けるとよいでしょう。利き腕だけでなく、2回目は逆の腕を使うなど、交互に行いましょう。

DATA

- **狙い**
  上肢全体の筋力を高める
- **難易度**
  ★★☆☆☆
- **人数**
  1名
- **時間**
  1分程度
- **用意するもの**
  新聞紙やコピー用紙等、長方形の紙数種類

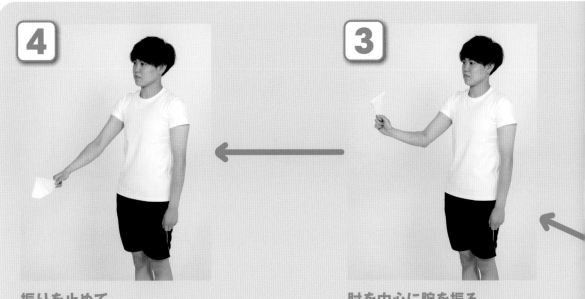

4 振りを止めて
紙鳴らしを鳴らす

③で速く小さく振ったら、腕が伸びる
タイミングで振りを止めます。

3 肘を中心に腕を振る

紙鳴らしを引き上げたら、腕全体を振
るイメージではなく、肘を中心に肘か
ら先を小さく速く下方に振ります。

ポイント **手首を使って鳴らす**

このレクリエーションでは、腕全体を使って大きく
振ろうとすると、上手く鳴らせません。肘を軽く曲
げ、肘から先、特に手首を使い、小さく速く振って
止める、というイメージで行うと鳴らしやすくなり
ます。速く振って止めるという動きが、上腕に適度
な負荷をかけることになります。

 注意

**力を入れすぎない
よう注意**

紙鳴らしは、大きいものほ
ど鳴らしやすくなり、小さく
なればなるほど、鳴らしにく
くなります。また、新聞紙の
ように柔らかい紙であれば比
較的鳴らしやすいのですが、コ
ピー用紙などのように硬い紙
は鳴らしにくくなります。

そこで、鳴らすこと（開く
こと）に夢中になってしまうと、
思い切り腕を振ろうとしてし
まいます。力を入れすぎて筋
肉を傷めたりすることがない
よう注意しましょう。

また、肩から先の腕全体を
使って大きく振ろうとすると、
うまく鳴らすことはできませ
ん。

紙コップ重ね

紙コップを重りにし、手のひらに何個乗せられるかを競う

手のひらを上に向けて準備する

1名は手のひらを上に向けて、肘を軽く曲げ、胸の高さに挙げておきます。もう1名は紙コップを持って準備します。

紙コップを手のひらに乗せる

紙コップを手のひらに乗せていきます。何組か同時に行う場合は、乗せるタイミングを合わせましょう。

応用例

ここでは紙コップの飲み口側を下にして重ねていきました。飲み口側を下にすると、手のひらでの安定感が増します。逆に底を下にして重ねていくと、その分、安定感は低くなり、腕のふらつきを押さえなければならず、難易度が増します。
体力に応じて、一つずつではなく、一度に何個か重ねて乗せていってもよいでしょう。

手のひらを上に向けて胸の高さで前に軽く伸ばし、その手のひらに紙コップを乗せていく遊びです。特に低体力者では、腕を伸ばして挙げているだけでも負荷を感じるはずですが、そこに紙コップが重なっていくことで、より負荷を意識するようになります。利き腕だけでなく、2回目は逆の腕を使うなど、交互に行いましょう。

2名一組で行いますが、数組が同時に行い、乗せられた個数を競ったり、耐久時間を競ってもよいでしょう。

DATA

- 狙い
  上肢全体の筋力を高める
- 難易度
  ★★★☆☆
- 人数
  2名一組
- 時間
  1分程度
- 用意するもの
  紙コップ

5

逆の腕でも行う

1から4を腕を替えて行います。ただし、連続でなく実施する側、乗せる側を入れ替えた後、最初の実施者に戻り、逆の腕で行っても構いません。

4

（無理、ストップ！）

耐えられなくなった時点の個数を競う

実施者は、辛く耐えられなくなった時点で、その旨を申告します。

3

（まだ大丈夫？）

さらに紙コップを手のひらに乗せていく

紙コップを1個ずつ乗せていきます。このときも、何組か同時に行っている場合は、乗せるタイミングを合わせましょう。乗せる側の人は、乗せた個数を数えておきます。

ポイント　体力がある人でも辛い

若く体力のある人であっても、伸ばした腕を挙げ続けるのは辛いものです。そのため、無理を強いる必要はまったくなく、自己申告によるタイミングで終了するよう指導しましょう。過度な辛さを感じてしまっては、レクリエーションを楽しめなくなります。肘を曲げ、体側に着けて行うと、より安定感が増します。

注意　疲れるまで行わない

ポイントでも触れましたが、腕を伸ばした状態を保持するのは、体力のある人であっても時間が長引くほどに辛くなってくるものです。上肢が低体力判定だった人はもちろんですが、高体力判定であったとしても、実施者が疲れを感じるまで行わないよう、注意しておきましょう。

また、ここでは腕を軽く伸ばして行いましたが、維持するのが難しいようであれば肘を曲げ体側に固定した状態で行っても構いません。

ビニール袋バレー

ポリ袋で風船を作り、空気が抜けるまで何回弾くことができるかを競う

① ポリ袋の風船を用意する

一組が向かい合って立ちます。ここでは3名にしています。1名がポリ袋に空気を入れて軽く縛って風船を作ります。

② 下から叩いてパスする

風船を作ったら、下から叩いて弾ませ、隣(ここでは左隣へ左回り)にパスします。

ポイント　力加減を調整する

この遊びでは、隣との間隔が空きすぎると、力を入れて弾ませなければならなくなるため、すぐに結び目が解けてしまいます。間隔を狭め、軽く叩いても届く距離で行います。叩く場所や力加減など、腕を思い通りに操作する意識を持って行いましょう。

半透明のポリ袋を膨らませ、軽く一度縛っただけの風船を作ります。その風船を、力加減を操作しながら、なるべく空気が漏れないよう下から叩いて弾ませ、何度弾ませられるかを競う遊びです。力を入れすぎると簡単に空気が抜けてしまうため、何度も続けられるよう操作することが重要になります。

この遊びでは、筋力ではなく、腕の力をコントロールして、腕を意図通りに操作する能力を高める効果が期待できます。

DATA

- 狙い
  上肢の操作能力を高める
- 難易度
  ★★★★★
- 人数
  2名以上
- 時間
  30秒程度
- 用意するもの
  ポリエチレン製の袋

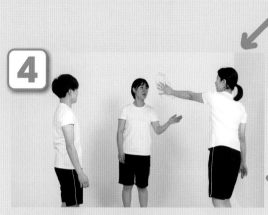

さらに隣にパスしていく

パスされた方も、下から叩いて弾ませ、左隣りにパスします。

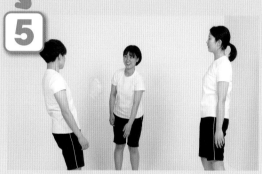

空気が抜けるまで続ける

②と③を、空気が抜けるまで続けていきます。空気が抜けても袋自体が軽いため、パスは続けられますが、結び目が解けた時点で終了するとよいでしょう。風船を弾ませたとき空気が抜けた（あるいは結び目が解けた）人は抜けて、残りの人数で再開します。

逆の腕でも行う

②から④を腕を替えて行います。

応用例

もし違う大きさのポリ袋を用意できるようなら、それぞれの大きさで遊んでもよいでしょう。また、風船を複数にして行うと、回ってくる時間を短縮したり、他の風船にも意識を向けなければならず、思考のトレーニングにもつながります。

注意

強く弾かない

この遊びでは、強く結んでしまうと、なかなか空気が抜けなくなりますので、必ず軽く結んで行ってください。また、力任せに強く弾いてしまうと、簡単に空気が抜けてしまったり、袋が破けてしまう可能性もあります。空気が抜けないように腕を操作することが目的であると指導しましょう。

ティッシュペーパーバランス

ティッシュペーパーを指で操作し、バランスを保持しながら相手に渡す

向かい合って座る

一組が椅子に座ります。ここでは2名なので向かい合って座りましたが、3名以上で行う場合は、正三角形あるいは円になるように座ります。

ティッシュペーパーを人差し指に乗せる

実施者は人差し指（ここでは右手の人差し指）にティッシュペーパーを乗せて準備します。ティッシュペーパーの中心を乗せましょう。向かい合って座る相手は、両手を前に出し、人差し指を立てておきます。

ポイント 動きを制御する

この遊びでは、腕をゆっくり動かさないとティッシュペーパーが落ちてしまいます。そのため、体の動きを制御する意識と、その意識を実行する能力が必要になります。時間を競う遊びではないので、ティッシュペーパーが飛ばないよう集中し、動きを制御する意識を持って行うよう指導しましょう。

応用例

ここでは2名で行いましたが、3名上で円を作って座り、乗せ換えなしで左回り（あるいは右回り）で行ってもよいでしょう。
また、あえて間隔を空けて座り、歩いて渡しに行き、受け取ったら立って隣に渡しに行く、という動きを入れると、さらに難易度の高い遊びになります。

ティッシュペーパー1枚（2枚重ね）を人差し指に乗せ、指から落ちないようにバランスを保持します。その状態からティッシュペーパーを他の方へとティッシュペーパーを渡していく遊びです。ティッシュペーパーは、単に指に乗せるだけでは難しくはありませんが、その状態で腕を動かしたり立ったり座ったり、あるいは歩くなどの動作が加わると簡単に落ちてしまいます。

そのため、ゆっくりした動作とバランス感覚を養うことができます。

DATA

- **狙い**
  上肢の操作能力とバランス感覚を高める
- **難易度**
  ★★★☆☆
- **人数**
  2名以上
- **時間**
  左右30秒程度
- **用意するもの**
  ティッシュペーパー

5 右手に乗せ換える

④でティッシュペーパーを受け取ったら、右手の人差し指にティッシュペーパーを乗せ換えます。

4 左手で受け取る

③でティッシュペーパーを渡されたら、左手人差し指でティッシュペーパーを受け取ります。

3 相手に渡す

実施者は相手の左手の人差し指にティッシュペーパーを渡します。

8 逆回転でも行う

①から⑦では、左回転でティッシュペーパーを渡していきましたが、右回転になるよう左右を入れ替えて同様に行います。

7 右手に乗せ換えて繰り返す

⑥でティッシュペーパーを受け取ったら、左手から右手の人差し指にティッシュペーパーを乗せ換えて、②から⑥を繰り返します。

6 相手に渡す

⑤でティッシュペーパーを乗せ換えたら、ゆっくり腕を前に出し、向かい合う相手の左手の人差し指にティッシュペーパーを渡します。

注意　障害物に注意

ここで紹介したように、椅子に座った状態で行う場合は、それほど危険性のある遊びではありません。しかし、この遊びはティッシュペーパー点に目線と意識が集中してしまうため、立位で行う場合、さらには応用例で紹介したように歩行を伴う遊びにした場合は、周囲に注意が必要です。

移動が大きくなるほどティッシュペーパーは簡単に飛んでいってしまうため、夢中になり過ぎると壁や障害物などに激突する可能性が高くなるからです。また、躓いて転んだりしないよう注意してください。

足指ペン

足指で床に文字を書き、向かいに座る相手に伝える伝言ゲーム

1

2名一組で向かい合って座る

1m程度（任意）の間隔を空け、2名が向かい合って座ります。

2

実施者が床に文字を書き始める

実施者にお題となる文字を伝え、実施者はその文字を、足の指先を使って床に書いていきます。このときは、自分側に向かって書くのではなく、相手側から見て文字となるよう書くことが重要です。

応用例

ここでは足の指先で床に文字を書きましたが、より高い負荷をかけたいのであれば、足を浮かせた状態で、空中に文字を書いてもよいでしょう。足を高く挙げるほど高負荷となります。

2名が一組となり1m程度の間隔を空けて向かい合って座ります。この状態から、一方が足の指先（親指）をペンに見立て床に指定された文字を書き、相手に伝える伝言ゲームです。

文字数の多い単語はもちろん、一文字であっても画数の多い複雑な文字は、足で書くのは非常に困難です。ゲームとして成立しなくなる可能性があるので、画数の少ないひらがなやカタカナで行うとよいでしょう。

下肢全体に負荷がかかりますが、主にふくらはぎの筋力強化に効果が期待できます。

DATA

- **狙い**
  下肢全体の筋力を高める
- **難易度**
  ★★★☆☆
- **人数**
  2名一組
- **時間**
  3文字程度
- **用意するもの**
  なし

3

書き終わりました

文字を書き終わったら伝える

実施者は床に文字を書き終えたら、解答する相手側にその旨を伝えます。

4

か？

正解！

書かれた文字を当てる

当てる側は、書かれた文字を当てます。一度で分からないようであれば、再度、書いてもらうよう依頼します。

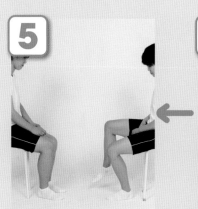

5

逆の脚でも行う

2から4を行ったら、逆の脚を用いて行います。

6

実施者を替えて行う

書かれた文字を当てることができたら、実施者を交代して、同様に行います。

ポイント 体力がある人でも辛い

このレクリエーションは、下肢の筋力強化はもちろんですが、文字を相手に向かって書いたり、当てる側は書かれた文字をイメージする必要があることから、脳の活性化にも効果が期待できます。

注意 複雑な文字で行わない

このレクリエーションは、お題となる文字が複雑すぎると、正解しにくくなるため、ゲームとして成立しなくなってしまいます。それぱかりでなく、長時間足を挙げて動かし続けなければいけなくなるため、筋肉にとっても過剰な負荷がかかってしまうことになります。あまりに過度な運動では、ふくらはぎが痙攣を起こす『こむら返り』（いわゆる足がつる状態）の可能性もあり、このような辛い経験をしてしまうと、遊びを敬遠することにもつながります。複雑な文字は使わないよう注意しておきましょう。

痛っ

ペットボトル立て

倒れているペットボトルを、足を巧みに使って立てていく

① 椅子に座って足元にペットボトルを用意する

椅子に座り、足元に倒して置いたペットボトルを用意しておきます。

② 両足でペットボトルを挟む

足を使ってペットボトルを立てます。ここでは両足でペットボトルを挟んで立てることを試みています。

応用例

ここでは空のペットボトルを用いましたが、水を少し入れておくと、ペットボトルを立てやすくなります。立てるのが難しいと判断した場合は、少し水を入れてあげましょう。

また、競技性を持たせるという意味では、数名を一組とし、横一列に座って、立てたら倒して横にパスを繰り返す、リレー形式にしても面白いでしょう。

椅子に座った状態から、足元に倒したペットボトルを足を巧みに使って立てていく遊びです。ペットボトルを立てるには、両足で挟んで立てる方法と、片足をペットボトルの底部に当てて、もう一方の足で起こしていく方法が考えられますが、起こし方について制限を設ける必要はなく、他に考えられる起こし方も含め、実施者の自由で構いません。

足を巧みに操作したり、下肢全体の筋力を強化する効果が期待できます。

DATA

- **狙い**
  下肢全体の筋力を高める
- **難易度**
  ★★★☆☆
- **人数**
  1名
- **時間**
  1分程度
- **用意するもの**
  ペットボトル

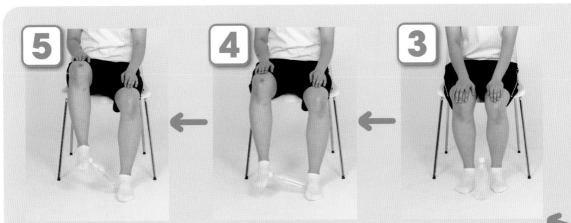

5

片足を底部に当てて立てる

両足で挟まずに、片足で立てる場合は、片足を底部に当て、もう一方の足で飲み口側を起こすように立てます。

4

ペットボトルを倒して再度行う

ペットボトルを立てることができたら、ペットボトルを倒して、もう一度ペットボトルを立てます。

3

ペットボトルを立てる

両足でペットボトルを挟めたら、両足を巧みに操作してペットボトルを立てます。

6

一定時間繰り返す

一度立てて終了ではなく、一定時間（あるいは一定回数）、2から4（または5）を繰り返し行います。

ポイント　同じ立て方だけを繰り返さない

特に片足を底部に当てた起こし方の場合、負荷がかかるのは起こす側の足だけになります。このレクリエーションは、下肢の筋力強化も目的としているため、この起こし方で行う場合は、なるべく足を入れ替えて交互に行うよう指導するとよいでしょう。

注意　必ず座って行う

このレクリエーションは、片足を底部に当てて立てる起こし方であれば、立って行うことも不可能ではありません。

しかし、転倒の危険性もあるので、必ず座って行いましょう。

また、ペットボトルを立てる時、無意識に足首に力を入れてしまうこともありますが、力を入れすぎて筋肉を傷めないよう注意しましょう。

ペットボトルふた運び

ペットボトルのふたを、足指で挟んで移動させる

椅子に座って足元にペットボトルのふたを用意する

椅子に座り、右足の足元にペットボトルのふたを10個程度用意しておきます。撮影では3個で行っています。

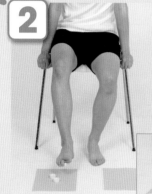

右足の指でペットボトルのふたを挟む

右足の指を使ってペットボトルのふたをひとつ挟みます。

応用例

ここでは個数を決めて（10個）行いましたが、数名を一組として所要時間を競っても面白いでしょう。あるいは10秒などの時間を設定し、何個移動できるか競うという方法もあります。
ひとつのふたを握り、握り続けられる時間を競ってもよいでしょう。

椅子に座った状態から、足元に置いたペットボトルのふたを足指で挟み（つまみ）、移動させる遊びです。右足側に置いたふたを右足の指を使って挟み、左側にすべて移動させたら、次は同じ右足で右側に移動させます。これを左足でも同様に行いましょう。

ペットボトルのふたを足指で挟むには、足指を開いたり閉じたりする必要があるため、足指の強化につながり、歩く際に地面をしっかりと捉える能力の改善、あるいは向上が期待できます。

DATA

- **狙い**
  足指の筋力を高める
- **難易度**
  ★★☆☆☆
- **人数**
  1名
- **時間**
  10個程度
- **用意するもの**
  ペットボトルのふた

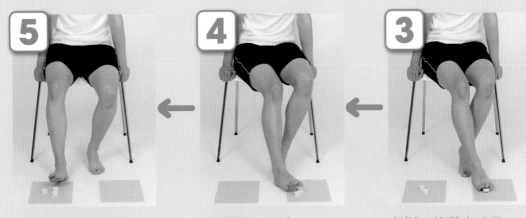

5 右側に移動させる

④でふたをすべて左側に移動させたら、同様に右側にすべて移動させます。

4 10個すべてを移動させる

②と③を繰り返し、右側に置かれたふたすべてを左側に移動させます。

3 左側に移動させる

②でふたを挟めたら、右足を左側に移動させて左足の前にペットボトルのふたを置きます。

6 左足で行う

⑤ですべて移動させたら、次は左足の指でペットボトルのふたを挟み、左右に往復移動させます。

ポイント 転倒予防の効果が期待できる

足指は、立った状態、あるいは歩く際、しっかりと地面を捉えるために必要です。しかし、足指は元々可動域が狭く、日常生活においても意識的に動かすことはほとんどありません。この筋力が衰えると転倒しやすくなるので、意識的に足指を動かすことは重要です。

注意 力を入れすぎない

足の指は、普段、意識的に動かすことが少ないため、この遊びは非常に有効です。しかし、夢中になると必要以上に力を入れすぎてしまい、怪我につながってしまう可能性もあります。

せっかくのレクリエーションで怪我をしてしまうと、以降、この遊びに取り組む意欲が薄れてしまいますので、力の入れすぎに注意しましょう。リラックスして楽しむよう指導してあげてください。

新聞陣地取り

新聞紙を両足で引き合い、破れた新聞紙の大きさを競う

新聞紙を床に置き、向かい合って座る

1枚の新聞紙を床に置きます。新聞紙を間に挟み、新聞紙に足が乗せられる位置で裸足で向かい合って座ります。

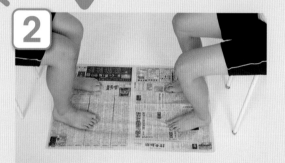

新聞紙に足を乗せて準備する

実施者は新聞紙の上に両足を乗せて準備します。

応用例

ここでは1枚の新聞紙で行いましたが、新聞紙を2枚用意し、片足ずつ乗せて、2枚を同時に引き合うと、より難しくなります。

一枚の新聞紙を床に置き、新聞紙を挟んで2名が向かい合って座ります。この状態から新聞紙に両足を乗せ、お互いが新聞紙を引き合い、最終的に破れた新聞紙の大きさを競う遊びです。

実際には、力の強さと新聞紙の面積は比例せず、勝敗は運によりますが、視覚的に分かりやすい結果が伴うため、盛り上がることができる遊びです。

この遊びでは、歩行時に必要な足を引き付ける筋力が必要になることから、歩行能力の維持や改善の効果が期待できます。

DATA

- 狙い
  下肢と体幹の筋力を高める
- 難易度
  ★★☆☆☆
- 人数
  2名一組
- 時間
  30秒程度
- 用意するもの
  新聞紙

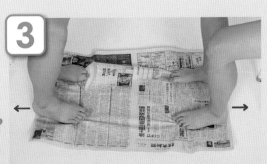

両足で引き合う

実施者は、合図とともに新聞紙を両足で自分の方に引き付けます。

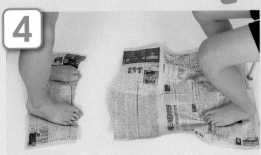

新聞紙が破れたら終了

お互いが新聞紙を引き合った結果、新聞紙が破れたら終了します。面積の大きい方が勝ちです。

ポイント　地面を捉えて引き付ける

この遊びでは、新聞紙を押さえる力が弱いと、相手に引っ張られてしまうため、足裏でしっかりと止め、さらに膝から下を引き付ける必要があります。これは、歩行で前に進む動きと同じ運動になります。しっかりと地面を両足の裏で捉え、「引き寄せる」という意識で行うよう指導しましょう。

注意　足の位置を変えない

新聞紙の端が破れかかってきたとき、その位置が自分に近いと、とっさに足の位置を変え、破れかかっている位置より先に足を置こうとすることがあります。勝ち負けに強いこだわりがある人ほど、負けたくないという思いがあるため、その傾向は強くなるようです。

しかし、ここでは、足を移動させることはルール違反とし、一度置いた両足の位置は、最後まで動かさないよう指導しましょう。

ペットボトル転がし

ペットボトルを足裏で転がし、転がった距離を競う

①

ペットボトルを床に置いて準備する

空のペットボトルをスタート地点に横に倒して置きます。ペットボトルはふたをしていないと潰れてしまい、転がしにくくなるので、ふたをしておきましょう。

動きを制御する

この遊びは、足を正面に送り出す必要があります。送り出す方向が斜めになってしまうと、距離が出ません。また、強く送り出すほど距離は延びますので、正確な方向と強い送り出しを意識して行うよう指導しましょう。なお、ペットボトルは同じ形状のものを使用しましょう。

応用例

ここでは右脚で行いましたが、実際には左右、両方の脚で同じ回数行ってください。
なお、個人戦として行っても、あるいはチーム制にして何組かで総距離を競うという遊び方も面白いでしょう。

空のペットボトルを横に倒して床に置き、足裏で前方に転がして距離を競う遊びです。この遊びでは、ペットボトルを足で蹴るのではなく、ペットボトルの上に足を置き、勢いよく押し出すようなイメージでペットボトルを転がすことが重要です。

この遊びでは主に太ももの表側を使用しますが、歩行時の足を引き上げる筋肉や膝を伸ばす筋肉に該当します。これらの筋力が低下すると、歩幅の減少や、つまずきやすくなったりしますので、遊びながら筋力を強化しておきましょう。

DATA

- 狙い
  下肢の筋力を高める
- 難易度
  ★★☆☆☆
- 人数
  1名
- 時間
  3回程度
- 用意するもの
  ペットボトル

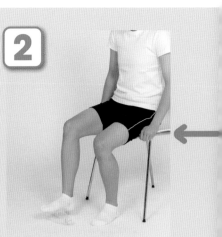

2 足を乗せて準備する

実施者は椅子に座り、横に倒して置いたペットボトルの上に足を乗せて準備します。乗せる部位は、つちふまず付近でも、足指の付け根付近でもどちらでも構いません。

3 足を前に出してペットボトルを転がす

実施者は、ペットボトルの上に乗せた足を勢いよく前方に送り出し、ペットボトルを前に転がします。

4 距離を測って繰り返す

ペットボトルが止まったら、その位置に印を置きます。ここでは止まった位置に紙コップを置いています。その後、同様に計3回行います。連続で3回行っても構いませんし、グループで交代しながら行っても構いません。

注意

ペットボトルは蹴らない

ペットボトルの角など、蹴る位置によっては思わぬ怪我をする可能性もあります。また、強く蹴ってしまうと、跳んだペットボトルが他人に当たり、怪我させてしまう恐れもありますので、ペットボトルは決して蹴らないでください。また、膝に痛みのある方は、無理に行わないよう注意してください。

紙飛ばし

紙を足で飛ばして、飛んだ距離を競う

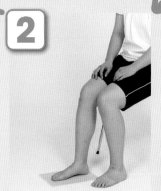

1

紙を床に置いて準備する

実施者は、素足でスタート地点に用意した椅子に座り、足元に紙を置いて準備します。

2

足を乗せて準備する

実施者は紙の上に足全体を乗せて準備します。

応用例

ここでは椅子に座って距離を競いましたが、立位で行うことも可能です。その場合は、単に距離を競うだけでなく、スタート地点から3m程の距離にゴール地点を設け、誰が速くゴールするかなどを競っても面白いでしょう。

床に置いた紙を、足で遠くに飛ばす遊びです。前項では、空のペットボトルを押し出して距離を競いましたが、ここでは紙を用いて行います。紙の場合、空気の抵抗で紙が浮き上がって止まってしまったり、なかなか出せないため、距離もなかなか出せないため、予測できない動きをする上に、ペットボトルとは違った面白みがあります。

この遊びは、ペットボトル同様、歩行時の足の引き上げや膝を伸ばす動きに該当するため、遊びながら筋力を強化しておきましょう。

DATA

- 狙い
  下肢の筋力を高める
- 難易度
  ★★☆☆☆
- 人数
  1名
- 時間
  3回程度
- 用意するもの
  紙（A4程度の大きさ）

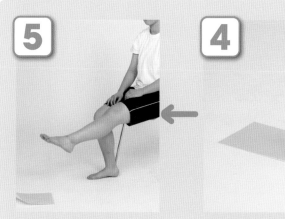

⑤ 逆の足でも行う

④で回数を繰り返したら、逆の足でも同様に行います。

④ 距離を測って繰り返す

紙が止まった位置に印を置きます。その後、同様に計3回行います。連続で3回行っても構いませんし、グループで交代しながら行っても構いません。

③ 足を前に出して紙を飛ばす

実施者は、紙の上に乗せた足を勢いよく前方に送り出し、紙を前に飛ばします。

 ポイント 蹴り方も工夫する

この遊びは、足を強く送り出したからと言って、必ずしも遠くまで飛ぶとは限りません。強いほど空気抵抗が大きくなり、紙が浮いて予想外の動きをするためです。そこで、どのように行うと距離が出せるのかを考え、工夫しながら行ってみることも重要です。

 **注意**

立位で行う際は転倒注意

立位姿勢で行う場合は、足を前に送り出した際、バランスを崩すなどして転倒しないよう注意してください。下肢筋力が低下している方は座位で行いましょう。また、膝に痛みのある方は、無理に行わないよう注意してください。

大きめのボールを、腕を使って胸周りで周回させる

ボール回し（横）

**ボールを胸の前で
抱えて準備する**

立った状態から、ボールを胸の前で両腕で抱えます。このとき、肩甲骨が開いていることを意識させましょう。

**両腕を使って
ボールを右に
周回させていく**

まずはボールを右回転で周回させていきます。両腕と指先を使って体の右側に移動させていきます。

応用例

この遊びの場合、ボールの大きさは胸の前で抱えるほど大きいと効果的ですが、それよりも小さいボールで行うことも可能です。抱えるほどの大きさのボールを用意できない場合は、なるべく腕を伸ばし、体から離れた位置で周回させるよう指導しましょう。

ボールを胸の前で両手で抱えます。その状態から腕を使ってボールを胸周りで周回させていく遊びです。この動きで、まずボールを胸の前で抱えているときは肩甲骨を開いた状態となり、ボールを周回させていき背後にきたときには肩甲骨を閉じた状態となります。

肩甲骨を開いたり閉じたりすることは、肩を含めた肩甲骨周辺の可動域を広げ柔軟性を高めることにつながり、肩こりの防止や筋肉の衰えを改善する効果が期待できます。ここでは大きめのビーチボールを使っています。

DATA

- **狙い**
  肩甲骨周辺の柔軟性を高める
- **難易度**
  ★★☆☆☆
- **人数**
  1名
- **時間**
  左右各5周
- **用意するもの**
  ビニール素材等のボール

5

3

5回行う

2から4の右周回を続けて5回行いましょう。

左腕を使ってボールを胸の前に移動させる

左腕を使い、背中の左側と左脇を通してボールを胸の前に移動させます。左胸の前までボールを移動できたら、右腕も使って、1の状態に戻ります。

背中の右側まで移動させたら左腕を背後に回す

ボールを背中の右側まで移動させたら、左腕を背後に回し、背中側で両腕でボールを抱えます。このとき、肩甲骨が閉じていることを意識させましょう。

6

左に周回させる

5で右の周回を5回行ったら、次は逆回転で左の周回を5回行います。

ポイント 肩甲骨を意識して行う

この遊びは競技性を持たせる必要はありません。ウォーミングアップの位置づけでもよいでしょう。ただし、単にボールを周回させるのではなく、肩甲骨を開く、閉じるをしっかり意識して行うことが重要です。肩甲骨を意識せず、ボールを周回させる動きだけになってしまうと、効果的な遊びとはなりません。

注意 肩を痛めている人は行わない

この遊びは肩甲骨のみならず、肩も大きく動かすことになります。そのため、肩を痛めている人は行わないよう注意してください。周回させている途中で痛みを感じた場合も、無理せず中止してもらうことが重要です。

また、円背（猫背）の方や普段杖をついている方にとっては、操作が難しくなると思われますので、背もたれのない椅子などに座り、補助者をつけて行うようにしましょう。

与えられたお題を体で表現し、解答者に当ててもらう

ジェスチャーゲーム

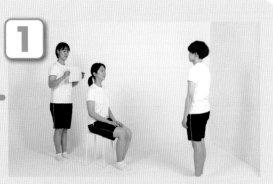

①

それぞれ位置について用意する

解答者は椅子に座り、実施者は解答者と向き合って立ちます。お題を掲示する人は、ホワイトボード等を持って解答者の背後に位置します。

全身を使うお題を選ぶ

たとえばテーマを『家事』として、お題を『料理』などにした場合、実施者によっては包丁で切るような動きをするなど、全身運動にならない可能性が考えられます。この遊びの狙いは全身を動かすことにあるので、腕など体の一部だけで表現できるようなお題ではなく、なるべく全身を使うお題を選びましょう。

応用例

ここでは3名一組での手順を解説しましたが、競技性を持たせるのであれば、複数のチームで同時に行い、5問先に正解できたチームを勝ちにするなどのルールにしてもよいでしょう。

実施者は解答者と向き合い、解答者の背後から出されるお題を体で表現し、解答者に正解を当ててもらうゲームです。動物や職業、スポーツなど、具体的で体で表現しやすいお題を与えることが重要です。また、テーマをあらかじめ決めておかないと、正解を当てるのが難しくなり、時間だけを消費してしまうので注意が必要です。

お題を表現するために全身を動かす必要があるため、普段は動かさないような筋肉にも刺激を与えられる可能性が高く、効率的な全身運動となります。

DATA

- **狙い**
  全身の筋力を高める
- **難易度**
  ★★☆☆☆
- **人数**
  3名一組（2名でも可能）
- **時間**
  5問程度
- **用意するもの**
  ホワイトボード（紙）

テーマを決めてお題を掲示する

お題を掲示する人は、動物やスポーツなど、テーマを全員に伝え、その中から解答となるお題をホワイトボードに記載して実施者に掲示します。ここでは、テーマを『動物』とし、お題を『ペンギン』としています。

実施者はお題を体で表現する

お題が掲示されたら、実施者は解答者に伝わるように、そのお題を体で表現します。お題そのものはもちろんですが、たとえば鳴き声なども発声しないよう気をつけましょう。

解答者は動きを見て解答する

解答者は実施者の動きを見て、与えられたテーマである『動物』の中から、正解となる動物名を声を出して当てます。

5問正解したら交代する

正解したら、②から④を5問程度繰り返します。5問すべて正解したら、担当箇所を入れ替え、さらに5問繰り返し、すべての担当箇所を全員が1回ずつ行うよう回していきます。

注意

口は使わない

この遊びを行うと、つい夢中になり、無意識に声を出してしまう人が現れます。お題そのものを口にしなくても、たとえば動物の鳴き声や動作時に発生する音（金づちでくぎを打つ音など）です。笑いをもたらし場の空気を和ます可能性もありますが、口は使わないよう注意しましょう。

また、お題が複雑すぎると当てにくくなり、実施者が疲れてしまうので、当てやすいお題を出すことも重要です。

新聞ボール送り

1つずつ手にしたボールを、全員が同時に横に渡すと同時に受け取る

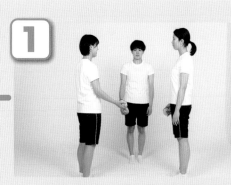

片手にボールを持って円を作る

一組全員が決められた手（ここでは右手）に新聞紙で作ったボールを持ち、円を作ります。このとき、ボールを持っていない手（ここでは左手）は、手のひらを上に向けてボールを受ける準備をしておきます。

ポイント　両手の動きが雑にならないよう行う

この遊びは、体（筋肉）に過度の負担がかかることはありません。体を使ったレクリエーションというよりは、イメージ通りに体の部位を動かすことが目的となります。そのため、どちらか一方の腕の動きに注意が行ってしまい、もう一方が雑になる、あるいはどちらも雑になってしまう、といったことにつながります。両手に意識を向け、丁寧に行うことが重要であることを伝えましょう。

応用例

左手に持ってスタートし、左回転でも行いましょう。右回転で慣れ、速く回せるようになっていても、逆回転になると、最初は上手くできません。感覚がつかめるようになったら、スピードを上げていきましょう。

新聞紙で作ったテニスボール大のボールを、人数分用意しておきます。全員が決められた一方の手に持ち、円を作って立ちます（座って行っても構いません）。この状態から、合図に合わせて全員が同時に手にしているボールを横の人の手に渡していく遊びです。

ボールを渡すことを意識してしまうと、ボールを受ける（取る）ことがおろそかになり、取ることに集中してしまうと、相手の手の上にボールを正確に置くことができなくなります。

DATA

- **狙い**
  集中力と想像力を高める
- **難易度**
  ★★★★★
- **人数**
  3名（以上）一組
- **時間**
  10秒程度
- **用意するもの**
  新聞紙

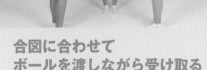

3

せーの！

ボールを右手に持ち替える

左横の人から渡されたボールを、右手に持ち替えます。右手に持ち替えたら合図に合わせて再度、右横の人にボールを渡します。

2

せーの！

合図に合わせて
ボールを渡しながら受け取る

合図に合わせて、右手に持っているボールを右横に立っている人の左手の上に乗せます。同時に、左横の人から左手に乗せられてくるボールを受け取ります。

このときは、渡す相手の手の位置、受け取る手の手元は見ません。正面を向いたまま、ボールを受け取るイメージや、渡す相手の手の位置をイメージして行います。

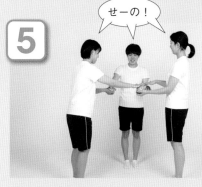

5

せーの！

慣れてきたら速くする

④で渡すのも、受け取るのも慣れてきたら、回転を速めていきましょう。この場合も10秒程度行えば十分でしょう。

4

ゆっくり繰り返す

最初は渡し損ねたり、逆に受け損ねたりします。ゆっくりで構いませんので、何度も繰り返し、コツをつかみましょう。10秒程度行えば十分です。

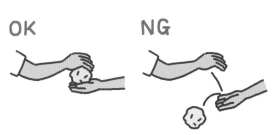

OK　　NG

注意

受け取る手の位置を固定して行う

この遊びを行っていると、ボールを渡すことに意識が向いてしまうことが多いようです。そのため、ボールを受け取る側の手の位置が、上下左右に動いてしまうことがあります。渡す側は手の位置を見ませんので、手の位置が変わってしまうと、上手く受け渡しができなくなるので注意するよう指導してください。

背中を使った伝言ゲーム

前の人の背中に文字を書き、順に伝言して正解を当てる

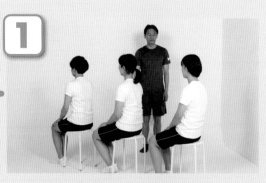

縦に一列に並んで準備する

一組全員が縦一列に並んで座ります。前に立つ人の背中に指で文字を書くので、背中に手が届く程度の間隔を空けて座ります。

ポイント　意味のある文字で行う

伝言系の遊びでは共通していることですが、お題は必ず意味のあるものにしてください。また、仮に意味があったとしても、テーマが決められていないと、範囲が広すぎて解答が難しくなります。テーマも与えずお題の意味のない漢字一文字だとしたら、何が書かれているのか想像すらできず、遊びとして成立させにくくなります。

3名以上を一組とし、縦に一列に座ります。この状態からテーマを与え、最後尾の人にお題を伝えて、前に座る人の背中にお題となる文字を書きます。背中に文字を書かれた人は、書かれた文字の感覚から解答をイメージし、そのイメージした文字を前に座る人の背中に書いていく遊びです。最前列の人は、背中に書かれた文字を当てます。

ここでは椅子に座っていますが、立って行っても構いません。背中に意識を集中させ、イメージを膨らませることで、脳の活性化が期待できます。

DATA

- **狙い**
  集中力と想像力を高める
- **難易度**
  ★★★★★
- **人数**
  3名（以上）一組
- **時間**
  3問程度
- **用意するもの**
  なし

テーマは自然！

2

テーマとお題を伝える

まずは全員にテーマを伝えます。その後、最後尾の人にテーマに沿ったお題を伝えます。ここでは全員に『自然』とテーマを伝え、最後尾の人には『山』と伝えました。

3

前の人の背中に文字を書く

最後尾の人は前の人の背中に与えられたお題となる文字を書きます。ここでは『山』と書いています。

4

文字をイメージして前の人の背中に文字を書く

背中に文字を書かれた人は、その文字をイメージし、解答と思われる文字を、前に座る人の背中に書きます。

5

山！

正解

最前列の人が解答する

最前列まで来たら、最前列の人は背中に書かれた文字をイメージして解答します。

⚠ **注意**

男女混合にしない

異性に背中を触られるのを嫌う人が稀にいますので、この遊びは、男女混合では行わないよう配慮してください。

また、同性同士であっても、背中を触られることに『くすぐったがる』など違和感を訴える人もいます。そのような人には、無理に参加してもらわなくてもよいでしょう。

また、ポイントでも触れましたが、意味のない文字をお題にしてしまうと、解答が非常に困難になります。必ずテーマを伝え、そのテーマに関連する意味のある文字で行いましょう。

割り箸入れ

割り箸を狙いすまして落とし、ペットボトルに入れる

椅子に座って足元にペットボトルを用意する

椅子に座り、足元、両脚の間に空のペットボトルをふたを取った状態で置きます。

割り箸を持って狙いを定める

割り箸を持って上から見るようにして、ペットボトルの飲み口に狙いを定めます。

応用例

競技性を持たせる意味では、1本が入る時間を競っても面白いでしょう。コツがつかめ比較的簡単に入れられるようになってきたら、30秒などの時間制にして、何本入れられるかを競ってもよいでしょう。また、基本的には両手で狙いを定めているはずですが、あえて片手でトライするなど、変化を加えてみましょう。

空のペットボトルを床に置き、狙いを定めて割り箸を落としてペットボトル内に入れる遊びです。この遊びは、体（筋肉）を大きく使うことはありませんが、狙いを定めるためには、特に上半身を動かないよう安定させる必要があります。また、狙いを定めようとすると、指先も動かないよう安定させなければいけません。

その上で、息を詰め集中しますので、指先をイメージ通りに操作する能力や集中力を養う効果が期待できます。

DATA

- **狙い**
  正確な指先の操作と集中力を高める
- **難易度**
  ★★★★☆
- **人数**
  1名
- **時間**
  1分程度
- **用意するもの**
  割り箸、
  ペットボトル

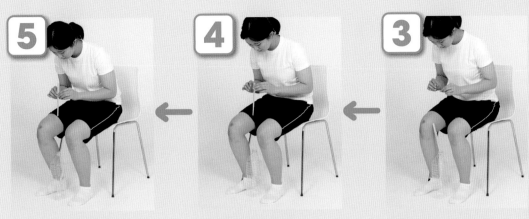

5 1本入れてみる

時間にとらわれず、まずは1本入れられるまで続けてみましょう。

4 何本か繰り返す

1本目で入れるのは難しいと思われますので、1本で止めず、何本かでチャレンジします。

3 照準が合ったら割り箸を落とす

狙いを定め、照準が合ったと思ったタイミングで、割り箸の先がブレないよう注意しながら割り箸を落とします。

 注意

割り箸の扱いに注意

細い割り箸を何本も使う遊びです。大きな動作を伴うことはありませんが、箸先で自分自身や他人を傷つけてしまわないよう注意しましょう。

ポイント

慣れてきたら立って行う

体を安定させるには、体幹の強さも必要になります。この遊びでは、指先の操作性や集中力の向上を主な目的としていますが、狙いを定める動きにより、体幹の強化も期待できます。座って行っても体幹を使いますが、立って行うと、より体の軸を安定させることが求められます。

もちろん、立って行えばペットボトルまでの距離が遠くなるため、割り箸を入れる難易度も当然、高くなります。座った状態からはじめて、入れるコツを覚えてくるようであれば、立って行うよう指導しましょう。

見えない筒の中にボールを通し、落ちるタイミングを予測してキャッチする

筒通し

① 一組が向かい合って準備する

実施者（ボールを取る側）は椅子に座って準備します。ボールを落とす側は筒とボールを持ち、実施者と向かい合って立ちます。距離は筒の長さによりますので、筒の先端からボールが出てきたとき、実施者が取ることが可能な位置に立ちます。

いきます

② ボールを筒の入り口から落とす

ボールを落とす側は、筒の入り口にボールを当て、実施者に対する合図とともにボールから手を放して筒の中に通します。

応用例

筒の長さを短くしたり、逆に長くして行ってみましょう。新聞をつなげて長い筒を作る場合は、途中で筒を支える補助者を含め、3名一組で行うとよいでしょう。長さだけでなく、筒の角度を変えれば、落ちてくるボールのスピードを変えることができます。また、ボールは1球ずつではなく、複数個を同時に落とし、連続して、あるいは両手を使って取るよう促しても面白いでしょう。

新聞紙などでボールが通る太さの筒を作ります。その筒の中にボールを通し、出てくる（落ちてくる）タイミングを予測してキャッチする遊びです。筒は透明ではないので、ボールの動きを見ることができないため、ボールの移動をイメージして、落ちてくるタイミングを予測することと、筒から出てきたボールの動きに合わせて反応することが求められます。

上手く取れるに越したことはありませんが、予測と反応（ボールを取る動き）を楽しむことが重要です。

DATA

- **狙い**
  予測と反応力を高める
- **難易度**
  ★★★☆☆
- **人数**
  2名一組
- **時間**
  10球程度
- **用意するもの**
  ゴムボール、新聞紙

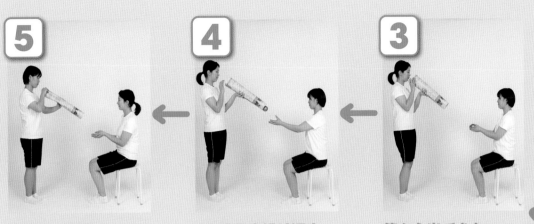

⑤ 交代して行う

④で10球程度繰り返したら、実施者と落とす側を交代し、同様に10球程度行います。

④ 10球程度繰り返す

遊びそのものは単純なので、②から③を10球程度を目安に続けて繰り返します。

③ 筒から出てきたボールを取る

実施者はタイミングを計り、筒からボールが出てきた瞬間、ボールを取ります。

ポイント 取れる取れないはあまり気にしない

この遊びでは、ボールを取ることが最終目的のように見えますが、必ずしも上手くキャッチできなくても構いません。最初から筒の先端に手を伸ばしたりせず、しっかり予測すること、ボールが見えた瞬間に反応することを意識して行うことが重要です。
ただし、取れるに越したことはありませんので、落とす側は取りやすい位置（取る側の腰付近を目標）に落とすよう指導します。

注意 極端な姿勢で取らない

筒の先端と実施者との距離が極端に離れてしまうと、ボールを取る際、無理な前傾姿勢になります。また、実施者の正面ではなく、極端に左右に落とした場合も、無理な姿勢になってしまいます。瞬時に無理な体勢を取ろうとすると怪我につながるリスクがあるので、そのような体勢にならない位置にボールを落とすよう指導してください。

ペットボトルのふたを滑らせて、目標地点に当てる

キャップカーリング

①

的を設定し、準備する

写真のように、エリアを設定します。ここではテーブルを用いて、テーブル上に的となる紙コップとマーカーを準備しています。

応用例

ここではテーブルの上に的を設定しましたが、模造紙などの大きめの紙にマジックペンなどでエリアを設定し、それぞれのエリアに得点を設定して、ふたが入ったらその得点を加算していくといった遊び方もできます。

テーブルを使う場合であっても、大きな紙を使う場合であっても、その設定したエリアから出てしまった場合は減点などのルールを設けておくと、さらに盛り上がります。

また、エリアではなく、おはじきのようにペットボトルのふたを的にしてもよいでしょう。この場合も、ふたに点数を設定しておくと、競いやすくなります。

テーブルや机、床などにマーカーや紙コップなど、的になるものを置きます。実施者は決められた場所から、的にふたが当たるよう、力と方向をコントロールしながらペットボトルのふたを滑らせる遊びです。スタート地点からエリアまでの距離設定などで、難易度が変わってきますが、動きそのものが単純な上、競技性も高いため、盛り上がる遊びのひとつです。

体（筋肉）への負荷は高くありませんが、方向や力をコントロールする能力を高める効果が期待できます。

DATA

- 狙い
イメージ通りに体を動かすコントロール能力を高める
- 難易度
★★☆☆☆
- 人数
1名
- 時間
5投程度
- 用意するもの
ペットボトルのふた、マーカー等

4	**3**	**2**

遠い的にも当てる

二投目では、遠い位置に設定したマーカーに狙いを定めています。

手前の紙コップに当てる

ここでは一投目で、手前の紙コップに狙いを定めています。

実施者はスタート地点からふたを滑らせる

エリアと的を設定したら、実施者はスタート地点からペットボトルのふたを滑らせます。ただ滑らせるのではなく、狙いを定めて力をコントロールすることを意識させましょう。

ポイント　滑らせ方を調整する

ペットボトルのふたは、慣れるまでコントロールするのが難しいかもしれません。また、ふたの切り口側と上側では、滑り具合も変わってきます。これらを考慮し、実施者が自分自身で考え工夫して、思い描いたイメージ通りに体を動かそうとする動きが重要であると伝えましょう。

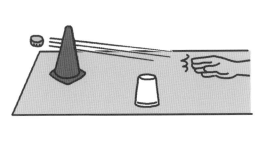

注意　力任せに行わない

この遊びは自分自身の体をコントロールすることが主な目的なので、力任せに滑らせたりしないよう指導しましょう。そのためには、極端に遠い位置に目標地点を設定せず、適当な角度と力加減が必要になる距離に設定することが重要です。

もちろん、実施者自身が、集中して行うよう促してください。

紙鳴らしの折り方

ここでは『紙鳴らし（P14）』で紹介した紙鳴らしの折り方を紹介します。

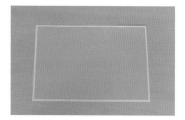

1 長方形の紙を用意します。ここでは表裏を分かりやすくするため、A4用紙の片面に青色を着けた紙を使用しています。

2 短辺の真ん中で折り、折り目をつけます。折り目をつけたら広げて元に戻します。

3 紙の四隅を2でつけた折り目に合わせて折ります。

4 3でできた両側の直角の角を、真ん中で折って重ね合わせます。

5 4で山型になった直角を中心に、真ん中で折って折り目をつけます。

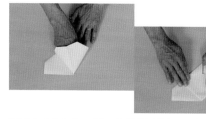

6 5で真ん中で折った片側を開き、広げて折ります。

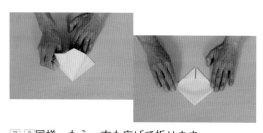

7 6同様、もう一方も広げて折ります。

8 折り目にそって半分に折り、三角形にします。

9 分かれている側の角をつまんで使用します。

中体力者

- タオルつかみ
- 新聞ボール作り
- ペットボトルバランス
- タオル重ね
- ボール運び
- バスタオル畳み
- ペットボトルボーリング
- ボール回し（縦）
- 新聞ボール渡し
- 風船バレー
- クイックキャッチ
- 聖火リレー
- 投てきコンペ
- 数字回し
- 倍数手たたき
- 紙コップ積み上げ
- 輪通し
- 読み取り数字
- つま先かかと上げ運動

タオルに結び目を作り、つかむ部位を指定しながら投げてつかんでもらう

タオルつかみ

タオルに結び目を作る

写真のようにタオルの任意の位置に結び目を作って準備します。

向き合って座る

2名が一組となり、1～2メートル程度の間隔を空け、向き合って座ります。

応用例

写真ではタオルの中央付近に結び目を作りましたが、タオルの隅に結び目を作るなど、変化を加えてみましょう。一か所だけでなく、二箇所に結び目を作る方法もあります。

タオルの任意の位置に一か所結び目を作り、結び目の部分を『あたま』、それ以外の部分を『そで』とします。1～2メートルの間隔を空けて2名が向き合って座り（あるいは立ち）、一方が相手に向かってタオルを投げ、一方がそれをつかむ遊びです。

投げる側は投げる際に『あたま』あるいは『そで』と指定し、つかむ側は指定された部位をつかみます。

上肢の筋力だけでなく、動体視力の低下予防、改善に効果が期待できます。

DATA

- **狙い**
  上肢の操作性と物をつかむ力を高める
- **難易度**
  ★★★☆☆
- **人数**
  2名一組
- **時間**
  1分程度（任意）
- **用意するもの**
  ハンドタオル

4 タオルをつかむ

つかむ側は、指定された部位をつかみます。つかめなくても構いませんが、指定された部位をつかもうと意識することが重要です。

3 一方が部位を言いながらタオルを投げる

タオルを持っている側の人が、『あたま』あるいは『そで』と言いながら、相手に向かって下からタオルを投げます。

タオルを投げ返す

タオルをつかんだ側は、3と同様に、部位を指定しながら相手にタオルを下から投げ返します。

6 タオルをつかむ

つかむ側は、指定された部位をつかみます。これを繰り返します。

ポイント 手と目を動かすことを意識させる

タオルの指定された部位をつかめれば、それに越したことはありませんが、指定された部位やタオルそのものがつかめなくても構いません。手（上肢）を動かすこと、タオルのつかむ部位を目で追うことが主な目的なので、しっかり目で追うことを意識するよう指導しましょう。

注意 無理な動きはしない

タオルをつかむことに夢中になってしまい、無理な動きをしたり無理な態勢でつかもうとしないよう注意しましょう。タオルがつかめなくても、上肢を動かしたり、タオルのつかむ部位を目で追うことができていれば十分です。

また、タオルを投げる側の人も、つかむのが難しい場所に投げたり、上から強く投げたりせず、『取ってもらう』というイメージで優しく投げるよう指導してください。

新聞ボール作り

新聞紙を握って丸め、ボールを作る

新聞紙を用意する

新聞紙を数枚用意しておきます。実施者は新聞紙を一枚持って準備します。

応用例

ひとつのボールを決められた時間内で、どれだけ小さく（硬く）作れるかを競う方法もあります。ただし、小ささを競う場合は、力を入れすぎて筋肉を痛めたりしないよう注意してください。また、血圧が上昇する可能性もありますので、注意しましょう。何人でも行える遊びですが、大人数が同時に競うような場合は、力の差があるので男女で分けるとよいでしょう。

DATA

- **狙い**
  上肢、特に握る筋力を高める
- **難易度**
  ★★★★★
- **人数**
  1名以上
- **時間**
  30秒程度
- **用意するもの**
  新聞紙

動きとしては非常に簡単で、新聞紙を丸めてボールを作っていく遊びです。本書では新聞紙で作ったボールを使う遊びもあるので、ウォーミングアップとして行ってもよいでしょう。単純な動作ですが、個人差も顕著で、雑に丸めて終わらせる人、硬く小さいボールを作る人など様々です。競技性を持たせるため、30秒などの時間を設定し、個数を競うとよいでしょう。

ものを握る力が衰えると、様々な場面で影響が出てきますので、握る習慣付けをしておくことは重要です。

**新聞紙を丸め
はじめる**

実施者は、合図と同時に新聞紙を丸めはじめます。

**ボールを作れたら床に置き、
次のボールを作りはじめる**

しっかりと丸めてボールの形にできたら、床に落として構いません。すぐに次のボールを作りはじめます。

 ポイント 最低限の大きさは決めておく

この遊びは、ものを握る力を養うことも目的としています。そのため、力を入れず新聞紙を雑に丸めただけでは、期待する効果が得られない可能性があります。そこで、ある程度の大きさの見本を作っておき、その大きさに近くなるまでは握るよう促してください。

作った個数で競う

決められた時間でボールを作り続け、終了の合図とともに作業を止めます。作ったボールの個数を競います。

 注意 床などを使わない

この遊びを行っていると、稀に床やテーブル、机などの硬い場所を使い、押し付けたりして硬いボールを作ろうとする人が出てきます。これでは握る力を養うことはできません。決してものは使わず、握る力だけでボールを作るよう指導してください。

また、応用例でも触れましたが、小さく硬いボールを作ろうとすると、力を入れすぎてしまう人もいます。筋肉を傷めたり、血圧が上昇してしまう恐れがありますので、特に硬いボールを作る場合は、『ほどほど』を意識するよう指導しましょう。

ペットボトルバランス

手のひらにペットボトルを立て、倒れないようバランスを取る

ペットボトルを用意する

手のひらを上に向けて体の前に出し（ここでは右手）、ペットボトルを持って準備します。

応用例

ここでは片手で行いましたが、慣れてきたら途中でペットボトルを逆の手に乗せ換えてみましょう。乗せ換える方法は、軽く浮かせるように投げる方法と、手のひらの面の角度を変えて移し替える方法が考えられますが、どちらで行っても構いません。

手のひらに、ペットボトルを立て、倒さないようバランスを取る遊びです。手を挙げているだけで上肢の筋力を高める効果が期待できますが、加えてバランス感覚を養うこともできます。

空のペットボトルはバランスが取りにくくなりますが、ペットボトルそのものは軽いため、筋肉に対する負荷は低くなります。水などを入れると、バランスはとりやすくなりますが、逆に筋肉に対する負荷を高めることができます。どちらを主目的にするかで、使い分けるとよいでしょう。

DATA

- **狙い**
  上肢の筋力を高める
- **難易度**
  ★★★★★
- **人数**
  1名以上
- **時間**
  左右各20秒×2回程度
- **用意するもの**
  ペットボトル

合図で手を離す

実施者は、合図と同時にペットボトルを右手に乗せ、ペットボトルが倒れないようバランスを取り続けます。

一定時間バランスを取る

実施者は、決められた一定時間、ペットボトルが倒れないようバランスを取り続けます。

 ポイント

バランス重視か筋力重視か

空のペットボトルは不安定なので、バランスを取るのが難しいと言えます。反面、軽いので筋肉に対する負荷は低くなります。バランス重視で遊びたいときは、空のペットボトルを使いましょう。

逆に、筋力の強化を重視したいのであれば、ペットボトルに水を入れて重くし、負荷を高めます。ただし、水が重りの役目をするため、バランスは取りやすくなります。

逆の手で行う

片方の手だけでなく、逆の手（ここでは左手）でも同様に行いましょう。

 注意

ペットボトルの落下に注意

空のペットボトルであれば、それほど危険性はありませんが、水を入れて重くした場合、手から落下して足などに当たると、怪我につながる可能性もあります。足の上に落とさないよう注意するのはもちろんですが、スリッパ等を履いて足の甲やつま先を保護しておくなどの対策を取っておくとよいでしょう。

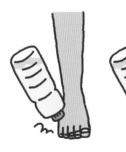

タオル重ね

浮かせた足にタオルを重ねていき、何枚まで耐えられるかを競う

① 椅子に座って体勢を作る

実施者は椅子に座って片脚（ここでは左脚）を伸ばして挙げます。このとき、膝がまっすぐ伸びていればよく、太ももを挙げる必要はありません。

② タオルを乗せる

挙げている脚の足首付近に、バスタオルを1枚重ねます。

応用例

ここでは時間内の枚数を競いましたが、複数名が同じ枚数のタオルを足に乗せた状態で同時にスタートし、持久力を競っても面白いでしょう。

椅子に座り片脚を伸ばした状態で軽く挙げ、その足首に重りとなるバスタオルを重ねていく遊びです。座った状態から片脚を挙げるだけでも筋力強化になりますが、競技性や遊びの要素を持たせるため、耐えられる枚数を競います。

この遊びでは、下肢全体の強化につながりますが、特に太ももの前側に負荷がかかるため、足を挙げたり歩くために足を前に踏み出す動作に対し、効果が期待できます。低体力者であれば、負荷が小さくなるハンドタオルを使ってもよいでしょう。

DATA

- 狙い
  下肢の筋力を高める
- 難易度
  ★★★☆☆
- 人数
  2名
- 時間
  左右30秒
- 用意するもの
  バスタオル

まだ
大丈夫？

5 逆の脚でも行う

1から4を逆の脚でも同様に
行います。

4 一定時間行う

決められた時間内（ここでは
30秒）で、何枚もタオルを
重ねていき、時間になったら
終了します。途中で耐えられ
なくなり、足を下ろしてしま
った場合も終了します。

3 タオルを重ねていく

1枚ずつタオルを重ねていき
ます。乗せる人は、重ねる前
に、まだ乗せられるか声をか
けてあげましょう。

ポイント 太ももを意識して行う

この遊びでは、下肢、特に太ももの強化が
期待できますので、行っている最中は、太
ももの前側に力が入っていることを意識し
て行うと、より効果的です。
なお、上半身は、背もたれに寄りかかって
いても、手で座面を握っていても、どのよ
うな体勢でも構いません。

注意 痛みの出ない姿勢を意識

この遊びでは、上半身はど
のような体勢になっていても
構いません。腰痛を持ってい
る方などが行う場合、体勢に
よっては腰に痛みを感じる可
能性もあるため、行う前に必
ず痛みが出ない姿勢を作るよ
う促してください。
もし行っている最中に腰に
痛みを覚えるようであれば、
すぐに中止して構いません。
決して無理はしないよう注意
してください。

ボール運び

ボールを足で挟み、向かい合って座る相手と渡し合う

向かい合って椅子に座る

2名が向かい合って椅子に座ります。間隔は1m程度ですが、お互いが脚を伸ばし合ってボールを受け渡せる距離にしましょう。

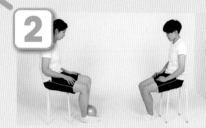

一方がボールを足で挟む

一方が足元に置いたボールを両足で挟みます。

ポイント　息を合わせて行う

この遊びは、お互いが息を合わせて行うようにしましょう。一方がボールを足で挟んで持ち上げていても、受け取る側が遅れてしまうと、その間、脚を挙げ続けなければいけないため、辛くなってしまいます。

また、間隔が離れすぎてしまっていると、足を高く挙げなければいけないため、こちらも辛い体勢になってしまいます。適度な距離を設定しましょう。

1m程度の間隔を空け、2名が向かい合って椅子に座ります。この状態から一方がゴム製のボールを両足で挟み、その状態で脚を伸ばして向かいに座る相手に渡します。もう一方の相手も両足でボールを挟んでボールを受け取り、一旦、自分の足元にボールを置きます。その後、再度、ボールを両足で挟み、相手に渡す動作をお互いが繰り返す遊びです。

ボールを挟む際は太ももの内側に、ボールを渡す際は太ももの前面に力が入ることを意識しながら行いましょう。

DATA

- **狙い**
  下肢の筋力を高める
- **難易度**
  ★★★★★
- **人数**
  2名一組
- **時間**
  30秒
- **用意するもの**
  ゴム製等のボール

もう一方がボールを受け取る

受け取る側は、両足を床と平行に伸ばしてしまうと、相手が足で挟んだボールを受け取ることができません。そこで、左右の足が上下になるようにしてボールを挟んで受け取ります。

膝を伸ばして相手に渡す

両足でボールを挟んだら、膝を伸ばしてボールを持ち上げ、向かいに座る相手に近づけます。

ボールを床に置く

ボールを受け取ったら、一旦自分の足元にボールを置きます。

ボールを挟み直して相手に渡す

23の要領でボールを両足で挟み、向かいの相手に渡し、受け取る側も4の要領でボールを受け取ります。

時間内で繰り返し行う

2から6を時間内で繰り返し行いましょう。

⚠注意

腰痛がある場合は注意

この遊びは、腰痛を持つ人には不向きと言えます。上半身の形や腕の位置などは問わないので、痛くない体勢が取れるのであれば行っても構いませんが、どうしても痛みが伴うようであれば、行わないようにしましょう。
また、椅子の座面が滑りやすい材質だと遊びにくいので、滑りにくい材質の椅子を使用してください。

応用例

角度をつけて行う

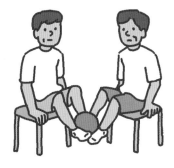

ここでは向かい合ってお互いが正面に来るよう座りましたが、少し角度をつけて、渡す際に若干体を捻らなければならない位置で行ってもよいでしょう。捻る動作が加わることで、腹斜筋を刺激することができます。
また、競技性を持たせるのであれば、時間内で何往復できるか競ってもよいでしょう。

バスタオル畳み

足の指でバスタオルを挟み、足だけを使って畳む

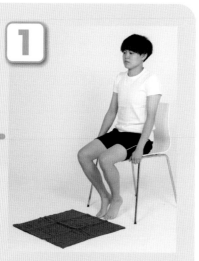

**椅子に座って
タオルを準備する**

実施者は椅子に座り、足元にバスタオルを用意します。バスタオルは伸ばしておく必要はなく、任意の状態で構いません。

応用例

ここではバスタオルを畳んでいきましたが、折ってあるバスタオルを指で挟みながら伸ばしていく方法もあります。

ただし、折った後に連続して伸ばすのは、負担が大きすぎる可能性が高いので、あくまで応用として、別の遊びとして捉えてください。

椅子に座って足元にバスタオルを置いた状態から、足の指でタオルを挟み、足を操作しながらバスタオルを四つ折りにする遊びです。タオルを挟む動きは、歩く際にしっかり地面を捉える能力を鍛えることにつながり、畳むために足を持ち上げることで、太ももの筋力強化が期待できます。

バスタオルは四隅を揃えるなど、綺麗に畳む必要はありません。四つ折りの形になっていれば十分です。

DATA

- **狙い**
  下肢の筋力を高める
- **難易度**
  ★★★★★
- **人数**
  1名
- **時間**
  30秒程度
- **用意するもの**
  バスタオル

足の指で挟んで畳んでいく

2

バスタオルを両足の指で挟み、足を操作しながら半分に畳んでいきます。

3

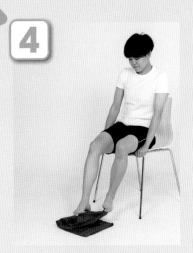

さらに挟んで畳んでいく

バスタオルを半分に畳めたら、さらに折っていきます。

4

タオルを四つ折りにする

②③の要領で畳んでいき、最終的に四つ折りにします。

ポイント 指で握る、足を挙げて操作するを意識する

足の指でしっかりバスタオルを握る、握ったら足を持ち上げて操作する、を意識して行いましょう。日々の生活の中で、足の指を意識して動かすという機会は多くありませんので、このような機会に、しっかりと動かしてもらいましょう。

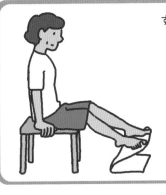

⚠注意 腰痛がある場合は注意

この遊びは、腰痛をお持ちの方には不向きと言えます。上半身の形や腕の位置などは問わないので、痛くない体勢が取れるのであれば行っても構いませんが、どうしても痛みが伴うようであれば、行わないようにしましょう。

また、椅子の座面が滑りやすい材質だと遊びにくいので、滑りにくい材質の椅子を使用してください。

普段足の指を使わないことが多いため、無理な動きでバスタオルを畳もうとすると、足指が痙攣したりすることもありますので、少し指をほぐしておくことをおすすめします。

ペットボトルボーリング

脚でボールを蹴り、ボーリングのピンに見立てたペットボトルを倒す

ペットボトルを立てて準備する

ペットボトルを写真のように6本立てます。間隔が近すぎると、まとめて倒れてしまうので、15cm程度の間隔を空けるとよいでしょう。

応用例

個人戦、チーム戦の他、ストライクやスペアなど、ボーリングのルールをそのまま採用してもよいでしょう。その場合、チーム戦であれば、1回目と2回目で実施者を変えると、よりボーリングらしくなります。また、1回毎に倒れた本数を加算していく、という方法もあります。

ペットボトルをボーリングのピンに見立て、離れた位置からボールを足で蹴り、倒したピンの数を競う遊びです。ボーリングは10ピンを倒しますが、10ピンでは多すぎるので、6本あれば十分でしょう。

盛り上がる遊びのひとつですが、ボールを蹴る際、足を踏み出す動作につながります。楽しく遊びながら歩行のトレーニングも兼ねることができるので、ぜひ取り入れてみてください。個人戦としても、チーム戦にしても、どちらでも成立します。

DATA

- **狙い**
  下肢の筋力を高める
- **難易度**
  ★★★☆☆
- **人数**
  1〜3名一組
- **時間**
  5分程度
- **用意するもの**
  ペットボトル、ゴムボール（テニスボール大程度）

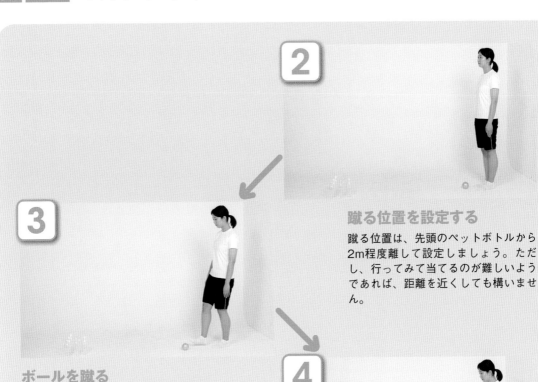

2

蹴る位置を設定する

蹴る位置は、先頭のペットボトルから2m程度離して設定しましょう。ただし、行ってみて当てるのが難しいようであれば、距離を近くしても構いません。

3

ボールを蹴る

蹴る位置にボールを置きます。実施者はその位置から、ペットボトルめがけてボールを蹴ります。

4

ルールに従いペットボトルを倒していく

ボーリングのルールで行うのであれば、2回目を蹴って倒れた本数を数えます。1回毎に本数を加算していくのであれば、ペットボトルを立て直して、次に進みます。

ポイント 脚の振りを意識する

この遊びでは、脚を振り出す動きをしっかり意識して行うことが大切です。強く蹴ることができれば、それだけペットボトルも倒れやすくなります。振りの強さをさらに求めるのであれば、ペットボトルに水を入れて重くし、倒れにくい状態を作り、行ってみてもよいでしょう。

注意 硬いボールは使わない

この遊びは、基本的に靴を履いていない状態で行います。そのため、硬いボールでは足指を痛める危険があるので、必ず柔らかいボールを用いてください。ボールを蹴る際は、誤って床を蹴らないよう注意しましょう。

なお、ボールは強く蹴った方がペットボトルは倒れやすいですが、ボールは浮かせず、必ず転がして倒すよう促してください。

大きなボールを、全身を使い体の中心に沿って周回させる

ボール回し（縦）

[1]　ボールを胸の前で抱えて準備する

脚を広げて立った状態から、ボールを胸の前で両腕で抱えます。

[2]　胸の前から頭上を通して後頭部で手を離す

ボールを頭上から後頭部まで移動させ、首の後ろ付近で手を離します。このときは、背中を曲げず、腰を折って前傾姿勢になっておきます。

ポイント　体幹を意識してボールを受け取る

尻から手を離して後頭部でボールを受け取る際も、逆回転で脚の間からボールを受け取る際も、背中を伸ばして前傾する必要があります。この動きは、体幹の強化につながります。背中を丸めてしまうと、ボールをうまく受け取れないだけでなく、体幹の強化にならないので、体幹を意識し、背中を伸ばすよう指導しましょう。

応用例

ここではボールを体に対して縦に周回させましたが、『ボール回し（横）（P36）』では、体に対して横にボールを周回させています。動きは似ていますが、効果は違ったものになりますので、組み合わせて行ってみてもよいでしょう。

ボールを胸の前で両手で抱えます。その状態から、ボールを上に挙げていき、頭上から背後にボールを通し、背中、尻とボールを移動させ、股の下からボールを受け止めて、元の位置まで周回させます。続けて、次は逆回りになるよう、股の間を通して尻、背中とボールを通していき、首の後方付近で腕で受け止め、頭上を通して元の位置まで周回させる遊びです。

腕を上下に大きく動かしたり、上体を大きく前傾させるなど、体を大きく使う動きを伴うため、全身の筋力を高める効果が期待できます。

64

4

脚の間を通して胸の前まで移動させる

③で両手でボールを受け止めたら、股の間を通して胸の前まで移動させます。

6

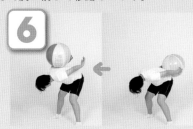

ボールを離して背中を通す

ボールを尻まで移動できたら、手を離して尻から背中にかけてボールを移動させます。このとき、背中が丸まっているとボールが落ちてしまうので、背中は伸ばしておきます。

8

頭上を通して胸の前に移動させる

⑦でボールを受け取ったら、頭上を通して胸の前までボールを移動させます。

背中から腰までボール移動させる

②で手を離したら、背中を通して腰までボールを移動させます。手を離したら、すぐに両手を背後に移動させ、背中を移動してくるボールを受け取るよう準備します。

3

5

ボールを股の間から尻に通す

続けて逆回転を行います。①の状態から、広げた股の間を通して、ボールを尻の方に通していきます。このとき、上体を前傾させ、脚の間を通すようにしましょう。

7

両手を後頭部に移動させてボールを受け取る

⑥でボールから手を離したら、すぐに後頭部に移動させ、両手で背中を通ってきたボールを受け取ります。

注意

背中を丸めない

この遊びを行う際は、背中を丸めないよう注意しましょう。体幹の強化にならないばかりでなく、ボールを落としやすくなってしまうからです。

せっかく遊びとして行っていても、ボールを落としてばかりいると、動きそのものへの興味が薄れてしまう可能性があります。

どうしてもボールを落としてしまう場合は、指導者が少し補助してあげてもよいでしょう。

新聞ボール渡し

2名が向き合って立ち、ボールを渡し合い、徐々に距離を広げていく

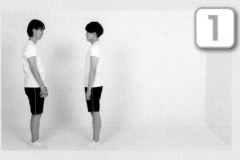

向き合って立ち、ボールを用意する

一方が両手に新聞紙で作ったボールを持ち、2名一組で向き合って立ちます。最初は近い距離から始めます。

ポイント　必ず両手で行う

距離が離れてくると、体を捻って片手で受け渡ししようとする場合があります。これではバランス感覚や腰背部の柔軟性に対する効果が薄くなるだけでなく、腰への負担が増して怪我や腰を痛めるリスクが高くなります。両手で行えば体を捻ることもなく腰への負担も軽くなるので、必ず両手で行うよう指導してください。

コツとしては、尻を突き出し、その反動で手が前に出てくるようなイメージで行うとよいでしょう。

応用例

ここでは新聞紙を丸めて作ったボールを使用しました。重さはほとんど感じないはずですが、新聞紙の量を増やしたり、重量のあるボールを使用するなどしてボールを重くして行うと、筋力を高める効果も期待できます。

2名一組で行う遊びです。2名が向き合って立ち、新聞紙で作ったボールを交互に渡し合います。往復で渡し合えたら、1歩離れて距離を作り、その距離でボールを渡し合います。そのように徐々にお互いの距離を離していき、どこまで往復で渡し合えるかを競う遊びです。

距離が離れてくると、腕を伸ばしただけでは渡せず、前傾姿勢にならざるを得なくなります。この動きで、バランス感覚を養うとともに、背中から腰にかけての腰背部の柔軟性を高める効果も期待できます。

DATA

- **狙い**
  バランス感覚と腰背部の柔軟性を高める
- **難易度**
  ★★★★★
- **人数**
  2名一組
- **時間**
  1分程度
- **用意するもの**
  新聞紙

ボールを両手で渡して元に戻る

ボールを受け取ったら、両手でもう一方に渡し、①の状態に戻ります。受け取る側は、両手でボールを受け取りましょう。

一歩離れる

②と③で往復で受け渡しが成功したら、どちらか一方が一歩下がって距離を離します。

ボールの受け渡しを往復させる

④で距離を離した状態で、②と③を繰り返し、往復で成功したら、さらにもう一歩離れ、同様に繰り返します。

ボールを両手で渡す

ボールを持っている側が、もう一方に両手でボールを渡します。受け取る側も両手でボールを受け取ります。

失敗したら終了させる

往復で成功するごとに一歩ずつ離れていき、受け渡しが成功しなかった位置（距離）で終了します。

注意

転倒に注意する

距離が離れてくると、どうしても前傾姿勢になります。あまり無理をしすぎると、バランスを崩して転倒する恐れもあるので注意してください。また、腰痛を持っている方にとっては非常に無理な体勢となるので、行わない方がよいでしょう。

風船バレー

バレーボールのように風船を落とさず、四肢を使ってパスをつないでいく

1 風船を持って準備する

実施者2名は、それぞれの場所に立ち、準備します。1名は風船を持っておきます。

2 風船に触れ始める

風船を持っている実施者は、風船から手を離し、四肢で触れ始めます。ここでは右手から触れ始めていますが、触れる順番は任意で構いません。

ポイント　風船を弾ませるイメージで行う

風船に触る程度で行ってしまうと、体をダイナミックに動かせない可能性があります。強くなくて構いませんが、風船を蹴りあげる、風船を下から叩き弾く、というイメージで、体を大きく使う意識を持って行うよう指導しましょう。

応用例

陣地を決めておき、相手に渡す際、実際にバレーボールの試合を行うように、陣地内で落とした方が負け、といったルールを設けても楽しめるでしょう。ポイント制などにすると、競技性が増します。

また、一組の人数を増やし、風船の数も増やして行うと、複数の風船を意識することになり、難易度がさらに増します。

2名が一組となり、風船を落とさずにパスしていくゲームです。ただし、単に相手に渡すだけではありません。必ず両手両足（膝でも可）で風船に触れてから相手に渡します。四肢を動かす必要が生じ、同時に、風船を追うことに伴い、体幹を含めた体全体をダイナミックに動かすことにつながり、全身の筋力を高める効果が期待できます。

この遊びでは、風船の膨らませ方によって、落ちてくる速度が変わるため、小さくするほど負荷の高い運動となります。

DATA

- **狙い**
  全身の筋力を高める
- **難易度**
  ★★★☆☆
- **人数**
  2名一組
- **時間**
  5往復程度
- **用意するもの**
  風船

右足で触れる

③で右手で触れた後、右足で風船を蹴り上げています。

左手で触れる

右手で触れた後、左手で跳ね上げています。

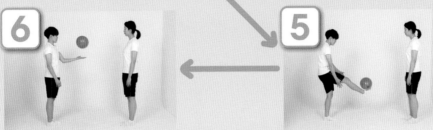

相手にパスする

得意な部位（右、左いずれでも可）を使い5回目で相手にパスをすれば成立です。

左足で触れる

右足で風船を蹴った後、左足で風船を蹴り上げています。

回数を繰り返す

②から⑦を5往復程度繰り返します。

落とさずに続ける

パスされたもう一方の実施者は、風船を落とさず、四肢のどこかから触れ始め、5箇所目で相手にパスで戻します。

注意

衝突しない距離を保つ

2名で行うのであれば、一方が風船に触れているとき、もう一方は相手を見ているはずなので、相手が近寄ってきても避けられます。

しかし、何組か同時で行う場合や、複数の風船を使う場合は、風船を追う人が何人もいることになります。

風船を追う人は風船に意識が集中し、周囲への意識が散漫になりますので、風船を追う人同士が衝突しないよう、適切な距離を確保して行うようにしてください。

クイックキャッチ

体を動かし、合図で中心に置かれたボールを素早く取り合う

机を挟んで椅子に座る

実施者2名は、机（またはテーブルなど）を挟んで椅子に座ります。机の中央にボールをひとつ置いておきます。

ポイント 指示の例

ここでは、指示の具体例をいくつか挙げておきます。
部位…頭、肩、肘、腹、膝など
動作…バンザイ、起立、着席など
他にもたとえば上腕に力こぶを作る動作に名前を付けて指示を出したり、起立の状態から屈伸などの動作を加えてもよいでしょう。
なお、最初はゆっくりと、徐々に指示のスピードを上げていくといった変化を加えると、さらに楽しめます。

応用例

ここでは2名で行いましたが、3名以上で行うことも可能です。その場合は、実施者数よりも1つ少ないボールを用意します。3名で行うのであれば、ボールを2つにし、誰か1名が取れない、という状況を作ります。
なお、間違えてボールを取ってしまった場合、何らかのペナルティを与えるなどすると、より楽しめるでしょう。

机の中央にボールを置き、2名が向かい合って座ります。指導者などの第三者が『頭』や『肩』『膝』などの部位を指示していきます。『ボール』と指示されたとき、相手よりも先に素早くボールを取る遊びです。触れる部位以外にも『起立』や『着席』などの動作の指示を設けることで、上肢だけでなく下肢も動かすことができます。

この遊びでは、集中力や判断力、素早い行動など、認知・行動に関わる効果も期待できます。

DATA

- **狙い**
  全身の筋力を高める
- **難易度**
  ★★★★★
- **人数**
  2名（3名以上でも可）
- **時間**
  5回程度
- **用意するもの**
  ゴム製のボール（テニスボール大）

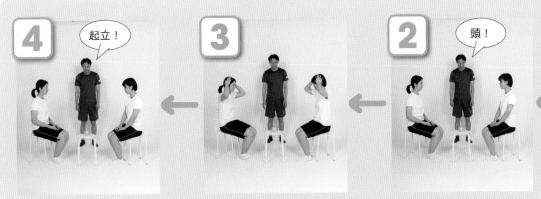

4

起立！

指導者が指示を出す

指導者は2同様、指示を出します。ここでは『起立』の指示を出しています。

3

指示された部位に触れる

実施者は指導者が指示を出した場所を聞いたら、素早くその『部位』に触れます。または『起立』などの動作の場合は、素早くその動作を行います。

2

頭！

指導者が指示を出す

準備ができたら、指導者は『頭』や『肩』などの体の部位、あるいは『起立』や『着席』などの指示を出します。ここでは『頭』の指示を出しています。

7

指示された動作を行う

実施者は指導者が指示を出した動作を聞いたら、素早くその動作を行います。

6

ボール！

指導者が指示を出す

指導者は24同様、指示を出します。ここでは『ボール』の指示を出しています。

5

指示された動作を行う

実施者は指導者が指示を出した動作を聞いたら、素早くその動作を行います。

⚠️注意

ボールを奪い合わないよう注意

ボールの指示を出したとき、実施者がボールを奪い合って怪我をしないよう注意しておきましょう。

また、3名以上の実施者で行う場合は、隣と接触したりボールを取り合ってトラブルになる可能性もあります。夢中になり過ぎないよう、配慮してください。

聖火リレー

新聞紙で作った筒のトーチで、聖火に見立てた風船を運ぶリレー

1 聖火台を準備して配置する

ゴールとなる地点に、大きめのカゴ（あるいは新聞紙等で作った大きめの筒）を準備します。実施者は一組全員（ここでは3名）が新聞紙で作った筒を持ち、間隔を空けて（2〜3m程度）配置します。撮影場所が狭かったため、移動するスペースが作れませんでしたが、実際には間隔を空けて行いましょう。

2 第一走者から始める

第一走者は筒に風船を乗せ、合図とともにスタートします。走者とは言っても走る必要はありません。

ポイント　バランスを意識して行う

この遊びでは、風船を速く運ぼうとする意識が強くなりがちですが、速くなるほど空気の抵抗を受けるため、風船は落ちやすくなります。風船が落ちないようバランスを保とうとすると、自然と腕だけでなく、脚全体や体幹なども使用することになります。正確に、速く、かつバランスを取りながら行うことを意識するよう指導しましょう。

応用例

この遊びは、風船を運ぶだけでも難しい動きです。この遊びを行う前に、各自が筒の上に風船を乗せて歩けるよう、ある程度練習してから行うと、競技性の高い遊びになります。

3名以上が一組となり、オリンピックの聖火リレーのように、新聞紙で作った筒のトーチで、聖火に見立てた風船をそれぞれが持つトーチに乗せ換えながら行うリレーです。リレーとは言っても、必ずしも走る必要はなく、空気の抵抗で筒から落ちそうになる風船を落とさないよう運び、上手く相手の筒に乗せ換えることが重要になります。

この遊びでは、全身の運動と、風船を落とさないように意識することで、平衡性（バランス能力）の強化が期待できます。

DATA

- **狙い**
  全身の筋力と平衡性を高める
- **難易度**
  ★★★★☆
- **人数**
  3名（以上）一組
- **時間**
  3分程度
- **用意するもの**
  風船、新聞紙

風船を移したらスタートする

③で風船を移せたら、第二走者は第三走者に向かって移動し始めます。

第二走者に風船を移す

第二走者まで移動したら、二人で協力しながら落とさないよう風船を第二走者に移します。

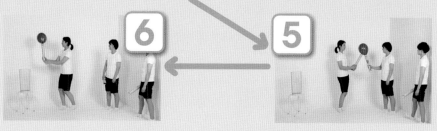

風船を移したらスタートする

⑤で風船を移せたら、第三走者は聖火台に向かって移動し始めます。

第三走者に風船を移す

第二走者は第三走者まで移動したら、二人で協力しながら落とさないよう風船を第三走者に移します。

回数を繰り返す

第三走者が元の第一走者の場所まで移動してきたら、筒に風船を乗せ③から⑦を繰り返します。往復回数ではなく、3分など時間を決め、時間内で移せた風船の数を競います。

聖火台に風船を移動させる

第三走者は①で準備した聖火台まで移動し、風船を聖火台に移動させます。

✏注意

足元に注意する

筒に風船を乗せて移動すると、どうしても意識は風船に向いてしまいます。障害物はもちろんですが、実施者が移動すると想定される範囲内にものを置いておかないよう注意してください。

バランスを崩したり、風船の動き次第では、思わぬ方向に移動していく可能性もあります。そこで、想定しているよりも少し広めに移動範囲を見積もっておくと安心です。何組かで競うような場合は、同様の理由から、各組の間隔を広めに取って行いましょう。

投てきコンペ

新聞紙で陸上競技の投てき競技で使用する道具を作り、距離を競う

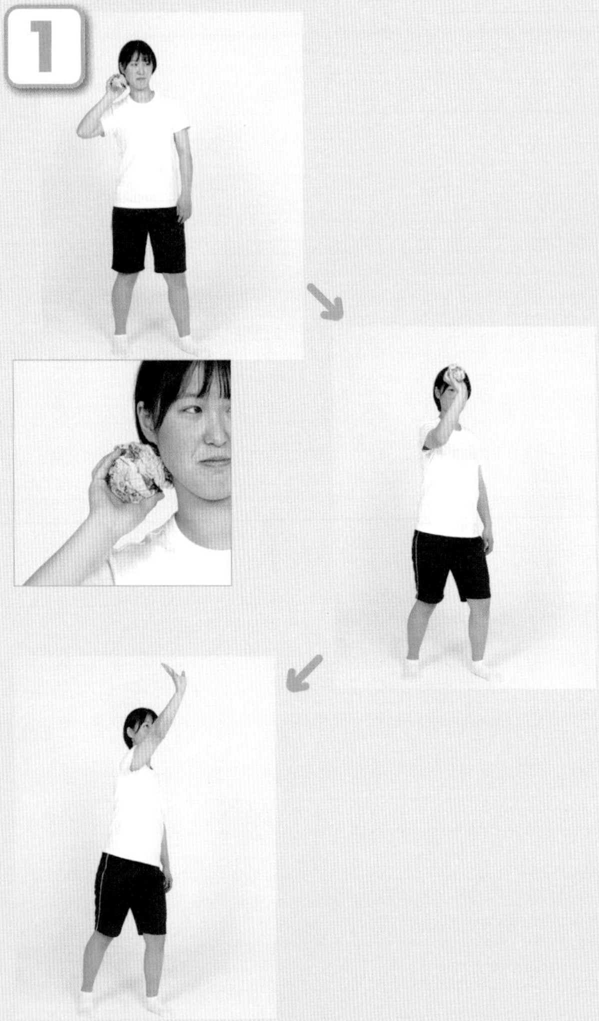

砲丸を投げる

実施者は砲丸を投げます。投げ方は野球などのように投げるのではなく、顎の横に砲丸を当てるように構え、押し出すように投げます。投げ方は写真を参考にしてください。

陸上競技で行われる投てき競技には、『砲丸投げ』『円盤投げ』『槍投げ』『ハンマー投げ』の4種類があります。これらの競技の道具となる『砲丸』『円盤』『槍』『ハンマー』を新聞紙で作り、それぞれの記録を競う遊びです（作り方はP90参照）。

陸上競技の正式種目でもあるため、当然ですが全身を使うことになり、体全体をダイナミックに動かすことが求められるため、全身の筋力を高める効果が期待できます。記録を残しておき、オリンピック記録などとしてもよいでしょう。

DATA

- 狙い
全身の筋力を高める
- 難易度
★★★★★
- 人数
1名
- 時間
各競技3回程度
- 用意するもの
新聞紙

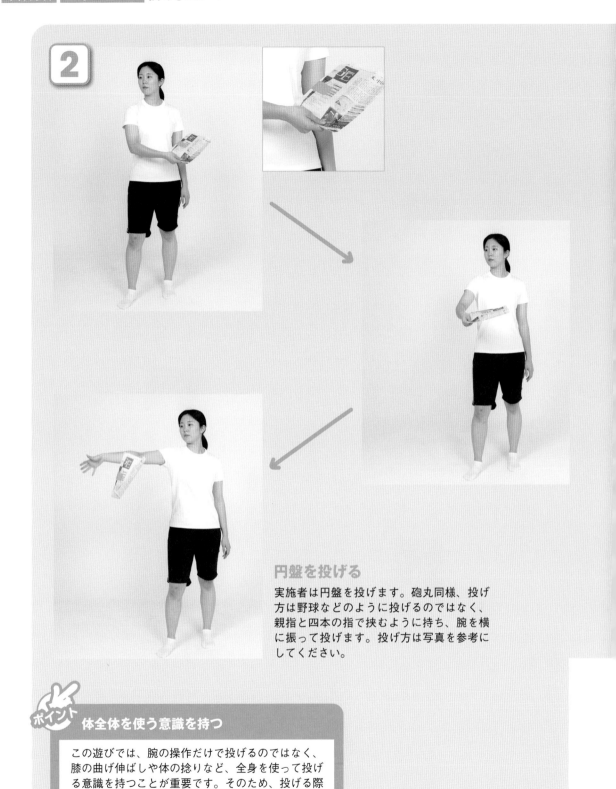

円盤を投げる

実施者は円盤を投げます。砲丸同様、投げ方は野球などのように投げるのではなく、親指と四本の指で挟むように持ち、腕を横に振って投げます。投げ方は写真を参考にしてください。

ポイント　体全体を使う意識を持つ

この遊びでは、腕の操作だけで投げるのではなく、膝の曲げ伸ばしや体の捻りなど、全身を使って投げる意識を持つことが重要です。そのため、投げる際の体の使い方などをアドバイスしてもよいでしょう。また、距離を出すためには、どのような体の使い方をすればよいか、考えてもらってもよいでしょう。

3

槍を投げる

実施者は槍を投げます。投げ方は野球など
のように投げるのではなく、側頭部に沿っ
て肘から先を前方に振るイメージで投げま
す。投げ方は写真を参考にしてください。

応用例

この遊びは、それぞれの競技の投げ方を覚えるだけ
でも難易度が高い遊びです。したがって、この遊び
を行う前に各自が投げ方をある程度練習しておく
と、競技性の高い遊びとなるだけでなく、より一層
効果的な運動にもなります。

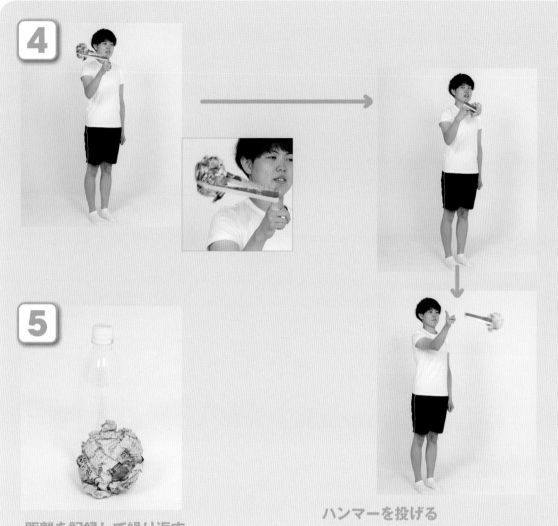

5

距離を記録して繰り返す

各競技で投げ終わったら、その位置にマーカーなどを置いておきます。ここではペットボトルを用いています。オリンピック同様、各競技とも3回投げ、いちばん長い距離を記録とします。

ハンマーを投げる

実施者はハンマーを投げます。実際の競技では遠心力を使って体を回転させて投げますが、ここではそのような高い技術を使った投げ方は行いません。指先でハンマーを回転させて投げます。投げ方は写真を参考にしてください。

注意

ハンマー投げは距離が出る

砂丸と円盤はそれほど距離は出ませんが、ハンマーと槍は、誰が行っても比較的飛距離が出ます。新聞紙が当たって怪我をする可能性は低いと思いますが、目に当たるなどの危険性も考えられます。広い場所で行い、さらには、投げる方向に人がいないよう注意してください。天気がよければ屋外で行ってもよいでしょう。また、槍についても、予想以上に距離が出る可能性がありますので、注意しておきましょう。

数字回し

リズムに合わせ四拍で相手を指名し、指名された人もリズムに合わせて相手を指名していく

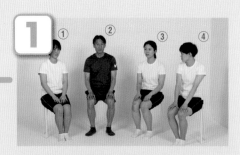

円になって座り各自に番号を割り振る

実施者は円になって椅子に座り、1から順に番号を割り振っていきます。ここでは4名が弧を描いて座り行っています。

ポイント 可能な限り複数人が効果的

この遊びでは、行う人数が重要になります。たとえばこの遊びを2名で行ったとすると、1→2、2→1の繰り返しになってしまいます。逆に多すぎると、順番が回ってこない、あるいは指定する番号が偏る、といった現象が起きる可能性があります。適度に順番が回ってくる人数である、5名から10名程度で、かつ、同じ番号を続けて言わないなどのルールを設けておくとよいでしょう。

注意 慣れるまではゆっくり行う

この遊びでは、リズム感のみならず記憶力も必要になりますので、慣れるまでゆっくり行うようにしましょう。番号（言葉）を間違えることが多い人は、ご自分の好きな番号（言葉）を選んでもらうと続けられるようになります。また、ゲームの最中、同じ番号ばかり指名すると楽しみが半減してしまうため、随時入れ替えて行うとよいでしょう。

四拍子のリズムに合わせ、最初の二拍で手をたたき、三拍目で自分の番号を、四拍目で別の人の番号を指名し、四拍目で指名された人が三拍目で自分の番号を、四拍目で別の人の番号を取りながら自分に割り振られた番号と別の番号を指定しなければならないため、常に思考を巡らせておく必要があります。リズムを指名していく遊びです。リズム

立位で行うことも可能ですが、基本的には円になって座った状態で行うとよいでしょう。

DATA

- **狙い**
  集中力と想像力を高める
- **難易度**
  ★★★★★
- **人数**
  5〜10名程度一組
- **時間**
  30秒程度
- **用意するもの**
  なし

手拍子で開始する

掛け声に合わせ、全員が手拍子でリズムを取ります。『せーの、パン（手拍子）、パン（手拍子）、1（声）、4（声）』といった具合です。最初は1番を割り振られた方から始めるため、三拍目で自分の番号を、四拍目で他の人の番号を指定します。このとき、三拍目で左手を、四拍目で右手を写真のように開きながら行います。

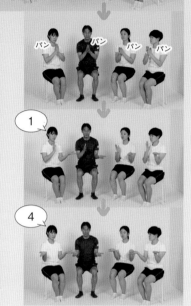

せーの / パン / パン / パン / パン

4番の人が続ける

四泊のリズムは、止めることなく取り続けます。2で1番の方が4番を指定したため、4番の方は三拍目で自分の番号である4を、四拍目で別の方の番号を指定します。ここでは3番を指定しました。

4、3 / パン、パン / パン、パン / パン、パン / パン、パン

3番の人が続ける

3同様、リズムを取り続け、3で指定された3番の方は三拍目で自分の番号である3を、四拍目で別の方の番号を指定します。ここでは2番を指定しました。

3、2 / パン、パン / パン、パン / パン、パン

1 / 4

間違えるまで繰り返す

3、4のように、指定された番号の方が別の番号の方を指定するを、誰かが間違えるまで繰り返していきます。誰も間違えずに続けられるようであれば、30秒程度を目安に行いましょう。写真では左隅の人が途中で間違えたため、お手付きとして立ちながら行っています。

パン、パン / パン、パン / パン、パン / パン、パン / 4、1

この遊びを音にすると、『パン、パン、1、3、パン、パン、3、2…』となります。一定のリズムで行うことも重要ですが、慣れてきたら、徐々にリズムの速度を上げていくと、より楽しめます。

また、この遊びは基本的に座って行います。そこで、間違えてしまった人は、お手付きとして、次に誰かが間違えるまで立位で行うといったゲーム的な要素を取り入れてみてもよいでしょう。

この遊びは、大人数でなければ、番号ではなく役職名やフルーツ名などを割り振ってもよいでしょう。ただし、この場合は人数が多すぎると、割り振られている名称を覚えきれず成立しない、ということも考えられます。

倍数手たたき

リズムに合わせ番号を数えていき、3の倍数では声を出さずに手をたたく

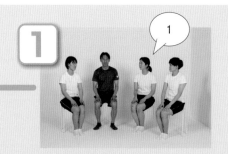

円になって座り、1から数え始める

実施者は円になって椅子に座ります。最初の人から順に、『1』から番号を数え始めます。ここでは右から2番目の方から始めています。

ポイント 3以外の数字では行わない

この遊びは、3の倍数であることに意味があります。たとえば2の倍数だと、2、4、6、8、10と、計算しやすく、常に偶数です。5の倍数では、さらに計算が簡単になります。6以上の倍数だと逆に計算が難しくなりすぎて、遊びとして成立しにくくなります。それらを考慮すると、3の倍数がこの遊びには最適と言えます。

注意 3の倍数の人数では行わない

3の倍数の人数（6人や9人）で行うと、同じ人が手をたたくことになり、何周しても毎回同じ役割になってしまうため、人数を調整しましょう。

一人ずつ1から順に番号を数えていき、3の倍数の人のみ、声は出さずに手をたたくゲームです。『1→2→パン（手たたき）、4→5→パン（手たたき）…』といった具合です。番号を数えることに意識が集中してしまうと、手をたたくことを忘れてしまったり、逆に手をたたくことに意識が集中してしまうと、番号を声に出しながら手をたたいてしまうなどのお手付きをしがちです。

どちらにも意識を向ける必要があるため、集中力を高める効果が期待できます。

DATA

- **狙い**
  集中力と想像力を高める
- **難易度**
  ★★★★★
- **人数**
  5〜10名程度一組
- **時間**
  30秒程度
- **用意するもの**
  なし

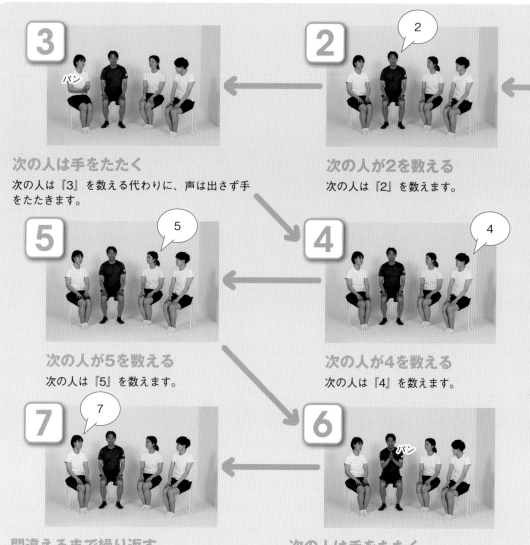

次の人は手をたたく

次の人は『3』を数える代わりに、声は出さず手をたたきます。

次の人が2を数える

次の人は『2』を数えます。

次の人が5を数える

次の人は『5』を数えます。

次の人が4を数える

次の人は『4』を数えます。

間違えるまで繰り返す

⑥で『6』の代わりに手をたたいたら、次の人は『7』を数え、これを誰かが間違えるまで繰り返します。間違えることなく続くようなら、30秒を目安に行いましょう。

次の人は手をたたく

次の人は『6』を数える代わりに、声は出さず手をたたきます。

応用例 間違えたら立位で参加

間違えた人は、次に誰かが間違えるまで立位で参加するなどの要素を加えてもよいでしょう。

また、ここでは3の倍数のとき、声を出さずに手をたたきました。この『手をたたく』というアクションを、『声を出しながら立つ』といったアクションに変えてもよいでしょう。音にすると『イチ、ニ、サン（起立・着席）、ヨン、ゴ、ロク（起立・着席）…』となります。アクションをアレンジして、楽しみ方を広げてみましょう。

紙コップ積み上げ

決められた範囲内で紙コップを積み上げ、積み上げられた紙コップの数を競う

範囲を決める
紙コップを置く範囲を決めます。ここではA4の用紙を用いて範囲としています。

思考と集中

この遊びは、いかに多くの紙コップを積み上げるか考えなければいけません。そのため、想像力を働かせると同時に、積み上げる際に崩さないよう集中力を高めて作業する必要があります。単に積み上げていくだけでなく、『頭で思考』し、『指先に集中』することを意識して行うことが重要です。
想像力を働かせるという意味では、範囲を狭めた方が効果的です。

応用例

ここでは1名で行いましたが、2名一組として行ってもよいでしょう。2名であればアイデアを出し合うなど、より積極的に想像力を膨らませることが可能となります。
また、ここでは時間無制限で積み上げられた数の多さを競いましたが、3分などの時間制にして、積み上げられる数を競う方法もあります。

A4サイズ程度の用紙、あるいは紙に範囲を描くなどして、その決められた範囲内からはみ出さないように紙コップを積み上げていく遊びです。一列に高く積み上げていくわけではなく、決められた範囲を利用して土台を作り、崩れないよう、さらにはより多く積み上げられるよう、考えながら積み上げていくことが求められます。
この遊びでは、より多くの紙コップを積み上げるための想像力や、崩れないように積み上げるための集中力などを高める効果が期待できます。

DATA

- **狙い**
  集中力と想像力を高める
- **難易度**
  ★★★☆☆
- **人数**
  1名（または2名一組）
- **時間**
  3分程度
- **用意するもの**
  紙コップ

積み上げていく

土台を作ったら、上に積み上げていきます。

はみ出さないように土台を作る

1で決められた範囲からはみ出さないよう、まずは紙コップで土台を作っていきます。ここでは1名で行っています。

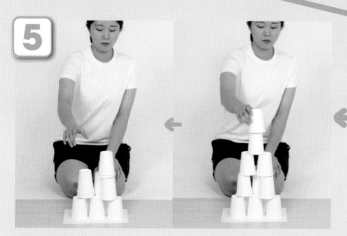

崩れるまで行う

可能な限り積み上げていき、崩れた時点で終了します。崩れる直前の数を記録とします。ここでは12個目で崩れたため、手前の11個が記録となります。

さらに積み上げていく

崩れないよう、また多くの紙コップを積み上げられるよう工夫しながら2段目、3段目と積み上げていきます。

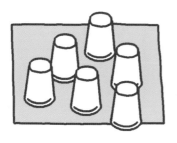

注意

枠からはみ出さない

1段目の紙コップを置くとき、枠をはみ出さないよう指導しましょう。もしはみ出して置く人がいるようであれば、その時点で注意してあげてください。なお、紙コップは重ねてはいけません。

また、机やテーブルなどを利用して行う場合は、体が衝突して揺らしてしまい、その影響で積み上げた紙コップを崩してしまわないよう注意しましょう。

新聞紙で作った輪を通して、キャッチボールを行う

輪通し

間隔を空けて座り、輪を準備する

2名は2m程度の間隔を空け、向かい合って座ります。1名はその中間点で輪を構えて準備します。

正確性と距離感

この遊びでは、単に輪の中を通すのではなく、その後、向かいの相手に届くような投げ方をする必要があります。そのため、輪を通す正確な腕の操作はもちろん、投げる角度や強さなどの距離感も求められることになります。単に投げるのではなく、これらを意識して行うよう指導しましょう。

応用例

全員が成功したら、新聞紙の端と端を重ねて長さを調整し、徐々に輪を小さくしていくとよいでしょう。グループ内で誰が一番小さい輪で成功したかを競ってもよいですし、グループ単位で全員が成功した輪の小ささを競う方法もあります。

帯状にした新聞紙の両端を合わせて輪を作り、1名はその輪を持ちます。2名は輪を挟んで向かい合って座り、輪の中を通過させてキャッチボールを行う遊びです。距離が遠すぎると輪の中を通過させるのが難しいので、2m程度の間隔を空けて座り、その中心（お互い座った位置から1m程度）の位置で輪を構えるとよいでしょう。

この遊びでは、輪の中を通過させるために、腕を正確に操作させる必要があると同時に、集中力も求められるため、これらを高める効果が期待できます。

DATA

- **狙い**
  正確な上肢の操作と集中力を高める
- **難易度**
  ★★★☆☆
- **人数**
  3名一組
- **時間**
  5往復程度
- **用意するもの**
  新聞紙

輪の中を通してボールを相手に投げる

新聞紙で作ったボールを持っている実施者は、輪の中を通して向かいに座る相手に投げます。このときは、上から投げるのではなく、下から投げます。

ボールを取る

投げられたボールが輪の中を通過してきたら、そのボールを取ります。

輪の中を通してボールを投げ返す

③でボールを取ったら、②同様、相手にボールを投げ返します。

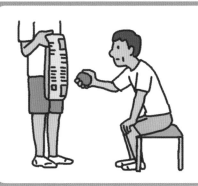

5往復程度行う

②から④を繰り返し、5往復程度行います。その後、どちらか1名が輪を持ち、輪を持っていた人はキャッチボールに参加します。全員が輪を持つよう交代して行います。

注意

身を乗り出して投げない

この遊びを行っていると、輪の中を通そうとする意識が強くなりすぎるあまり、投げる時に身を乗り出して距離を詰めようとする人が出てきます。1m程度の間隔の場合、身を乗り出してしまうと、手元から輪までの距離はほとんどなくなりますので、実践する意味がなくなります。

なお、輪が低い位置にあると、輪の中を通ってきたボールをキャッチするのが困難になります。ある程度の高さに構え、実施しながら高さを調整してください。

①
向かい合って座る
膝を合わせる程度の間隔で、2名が向かい合って座ります。

②
お互いが穴を作り指を通す
どちらか一方の手（ここでは左手）で穴を作り、もう一方の手（ここでは右手）の人差し指を相手の穴の中に入れて準備します。

ポイント

計算力と反応性

この遊びでは、簡単な計算ではありますが、暗算を行います。相手より少しでも早く正解を導き出そうとする意識が生まれると同時に、その正解次第で、次のアクションを取る（または取らない）の判断をしなければなりません。それらの能力を養うのに適した遊びと言えるでしょう。

応用例

ここでは左手で穴を作りましたが、左右の役割を入れ替え、右手で穴を作って行ってみましょう。

読み取り数字

お互いが指で作った穴の中に指を通し、3つの数字の合計によって、相手の指を捕獲し、自分の指を脱出させる

2名一組で向かい合って座り、右手あるいは左手と決め、お互いが一方の手で穴（筒）を作ります。穴を作る手が右手なら、お互いの左手の人差し指を、相手の穴の中に通し、読み上げられた3つの数字を合計し、その答えが偶数であった場合のみ、相手の穴に通している左手の指を捕獲されないように脱出させる遊びです。

簡単な暗算（計算力）と、素早い判断力（反応性）を高める効果が期待できます。

DATA

- 狙い
  計算力と反応性を高める
- 難易度
  ★★★★☆
- 人数
  2名一組
- 時間
  10回程度
- 用意するもの
  なし

5

3、1、3

さらに数字を
読み上げる

指導者は、続けて1から3までの数字を3つ言います。

4

読み上げられた数字
を計算して実行する

実施者は、③で読み上げられた数字を足し算します。合計は『6』となり偶数なので、左右どちらの指も動かしません。

3

2、3、1

数字を読み上げる

指導者は、準備ができたら1から3までの数字を3つ読み上げます。数字は任意で構いません。また、『3、3、3』など同じ数字を複数回使っても構いません。ただし、使う数字は1、2、3の3種類に限定します。

7

繰り返し行う

③から⑥を繰り返し、10回程度行います。

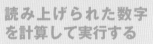

6

読み上げられた数字
を計算して実行する

実施者は、⑤で読み上げられた数字を足し算します。合計は『7』となり奇数なので、左手で作っていた穴を閉じて相手の指を捕獲しつつ、相手の穴に通していた右手の人差し指を脱出させます。写真では右の人が捕獲と脱出の両方を成功させています。

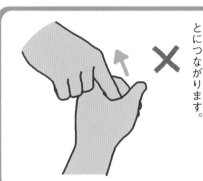

注意
指は真上に抜く

穴に通した指を抜く際は、真上に抜くよう指導しましょう。急ぐあまり手前や斜めなど、角度を付けてしまうと、握られた際に指を痛める可能性があります。真上であれば、多少強く握られたとしても痛める可能性は低いと言えます。

同様の理由から、相手の指を確保する際は、強く握らないよう注意してください。指を抜かれたくないという思いから、無意識に強く握ってしまいがちです。握る際も、抜く際も、力を弱めて行うことで、不必要なトラブルを避けることにつながります。

つま先かかと上げ運動

両足のつま先上げとかかと上げの運動を、さまざまなバリエーションで行う

椅子に座って準備する

椅子に座ります。このとき、両足裏がしっかり床に着いているようにします。

両足同時につま先を上げる

まずは両足同時につま先を上げましょう。つま先を上げたら、その状態を保持する必要はありませんので、すぐにつま先を下ろしていきます。

応用例

ここでは左右同時であっても、交互であっても、つま先とかかとは1回ずつ交互に上げていきました。上げる回数を1回ではなく、『上上下下』といったように連続して複数回行ってもよいでしょう。

椅子に座り、両足の裏をしっかり床に着けた状態から、つま先を上げたりかかとを上げたりする運動です。左右同時に同じ運動（左右同時につま先あげ、同時にかかと上げ）は難しくありませんが、交互（左足のかかとを上げ、右足のつま先を上げる）にするだけで難易度は上がります。

この運動は、つま先、かかと、いずれも強く上げると下肢のトレーニングになりますが、ここでは強く上げる必要はありません。左右違う運動を行うことで、脳の活性化が期待できます。

DATA

- **狙い**
  左右違う運動で脳の活性化を図る
- **難易度**
  ★★★★☆
- **人数**
  1名
- **時間**
  10秒程度
- **用意するもの**
  なし

3 両足同時にかかとを上げる

2でつま先を床に着地させたら、すぐに両足同時にかかとを上げます。この場合も、その状態を保持する必要はありません。すぐにかかとを下ろしていきます。

4 10秒程度繰り返す

2と3を10秒程度繰り返し行います。

5 交互で行う

4で10秒程度繰り返したら、次は左右交互に行います。ここでは左足のつま先を上げ、同時に右足のかかとを上げています。なお、この状態も保持する必要はありません。すぐに下ろしていきます。

左右を変えて行う

5で下ろしたら、次はすぐに逆の運動を行います。ここでは左足のかかとを上げ、同時に右足のつま先を上げています。この状態も保持する必要はありません。すぐに下ろしていきます。

6

ポイント 左右で違う動き、不規則な動きを意識する

体の左右で違う動きをすること、あるいは不規則な動きをすることは、脳に適度な刺激を与え、活性化を図る効果が期待できます。上手く動かせるに越したことはありませんが、繰り返し動かすことで効果が期待できます。

7 10秒程度繰り返す

5と6を10秒程度繰り返し行います。

注意 姿勢を良くして行う

この運動をしていると、慣れるまでは足元を見ようとして前傾姿勢となり、姿勢が悪くなりがちです。ある程度動きに慣れてきたら、可能な限り背筋を伸ばし、姿勢よく行うよう指導しましょう。

どちらも強く挙げようとすると、かかとを挙げる場合はふくらはぎが、つま先を挙げる場合はすねの筋肉が痙攣したりすることもあります。最初は軽く挙げるようにしましょう。

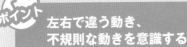

投てき道具の作り方

ここでは『投てきコンペ（P74）』で紹介した投てき道具の作り方を紹介します。

砲丸

1 新聞紙を1枚用意します。

2 新聞紙を丸めていきます。

3 硬く丸めたら砲丸の完成です。

円盤

1 新聞紙を1枚用意し、半分に折ります。

2 さらに半分に折ります。

3 さらに半分に折り、元の大きさの1/8の大きさ折ったら円盤の完成です。

4 必要に応じて、テープ等を用いて開かないように止めて使用します。本書ではテープで止めず、開くようにして使用しています。

槍

1 新聞紙を1枚用意し、角から筒状になるよう丸めていきます。

2 最後まで筒状に丸めていきます。

3 新聞紙の角をテープ等で止めます。

4 新聞紙の角をテープ等で止めれば槍の完成です。

ハンマー

1 新聞紙で作った砲丸のボールと、新聞紙を1枚用意します。

2 新聞紙を5〜8cm程度の幅で縦に破り、帯を作ります。横では破りにくいので、必ず縦に破ります。

3 帯を半分に折ります。

4 帯の両端をテープ等で砲丸に貼り付けます。

5 両端を貼り付けたらハンマーの完成です。

高体力者

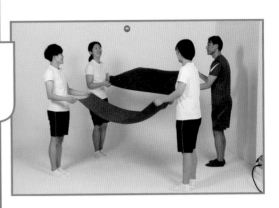

- バスタオルでボール渡し
- ティッシュペーパーキャッチ
- 数字でボール押し
- トランポリン
- ボールで数字
- 風船リフティング
- リズムスタンディング
- 足踏みしりとり
- バスタオル落とし
- スローモーション
- 起床と就寝
- ボールTOボール
- ペアでボール運び
- ADL（日常生活動作）エクササイズ
- 手のひら返し
- オリンピックリレー
- 脈をとろう！

バスタオルでボール渡し

2人でバスタオルを広げ、その上に乗せたボールを弾ませてパス交換する

バスタオルの四隅を持って準備する

2名が一組となり、1枚のバスタオルの四隅を持って緩めに張っておきます。その上に、ボールを乗せて準備します。2組目もバスタオルを張って準備しておきます。写真では2組で行っています。

応用例

リレー形式では、最後の組に渡して終了となります。しかし、最後の組は受け取るだけです。順番を入れ替えて行うか、あるいは往復させて行うとよいでしょう。

また、ここではタオルを上にあげるよう操作してボールを渡しましたが、タオルの上でボールを跳ねさせ、その勢いで渡していく難易度の高い方法もあります。

4名が2名ずつのペアに分かれて一組となり、それぞれがバスタオルの四隅を持って広げます。その上にボールを乗せ、息を合わせて弾ませ、何度もパスし合う遊びです。4名で行う場合はパスし合いますが、人数が多いようであれば、5ペア（10名）程度で構成するチームを複数作り、一列に並んでリレー形式にすると盛り上がる遊びとなります。

息を合わせて腕を上下に動かすことから、上肢全体の筋力を高める効果が期待できます。

DATA

- **狙い**
  上肢全体の筋力を高める
- **難易度**
  ★★★★☆
- **人数**
  4名一組
- **時間**
  10往復程度
- **用意するもの**
  バスタオル、ボール（テニスボール大、新聞紙を丸めたボールでも可）

息を合わせてパスする

合図とともに、息を合わせてタオルを操作し、隣の組に弾ませてパスします。

息を合わせてパスを受ける

2でパスされたボールを、隣の組は落とさないよう息を合わせながら操作して、タオルで受け止めます。

ポイント 腕の強い振りを意識する

隣の組との距離によっても変わってきますが、タオルの上に乗せたボールを隣の組まで届かせるには、強さと大きな腕の振りが伴う、瞬間的な力の発揮が必要です。最初は間隔を調整したり、弾みやすいボールなどを用いて実践するとよいでしょう。

息を合わせてパスする

3でボールを受け止めたら、同様に息を合わせてタオルを操作し、隣にパスします。これを繰り返します。

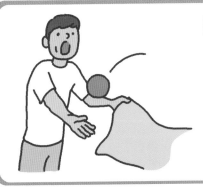

注意 手でボールを触らない

この遊びを行っていると、ボールがタオルから落ちそうになった時など、つい手が出てしまうことがあります。手でボールに触れてしまった場合は、前の組にボールを戻して再開などのルールを決めておきましょう。

また、この遊びではお互いの呼吸を合わせ、同じような強さと高さでバスタオルを操作しないと、上手にパスできません。一人で夢中になるのではなく、お互いの動きを合わせる意識を持って行うよう指導しましょう。

ティッシュペーパーキャッチ

広げたティッシュペーパーを高い位置から落とし、床に落ちる前にキャッチする

両手で広げる持ち方

片手で端を持つ持ち方

1名はティッシュペーパーを持って準備する

1名がティッシュペーパーを持ち、腕を高く上げて、なるべく高い位置から落とせるよう準備します。もう1名はキャッチする準備をしておきます。ティッシュペーパーは、両手で広げるように持って落とす場合、片手で端を持って落とす場合とでは、落ち方が違ってきます。

応用例

ここでは腕を伸ばした高さから落としましたが、手順4のように椅子の上に乗るなどして、さらに高い位置から落とせると、より難しい遊びとなります。また、1枚でなく2枚同時に落として、両手でキャッチするなどの工夫を加えても楽しめるでしょう。

揺れながら落ちてくるティッシュペーパーをキャッチする。単純で簡単そうに思える遊びですが、実際に行ってみると、ティッシュペーパーは空気の抵抗を受けて不規則に変形するため、それに合わせて落ちる方向や速度なども不規則に変化し、思ったよりも難しい遊びです。

落下直後のティッシュペーパーであれば、比較的簡単にキャッチできますが、時間が経つほど難しくなり、腕だけでなく下肢への負荷もかかってきます。

DATA

- 狙い
  上肢全体の筋力を高める
- 難易度
  ★★★☆☆
- 人数
  2名一組
- 時間
  3回程度
- 用意するもの
  ティッシュペーパー

ティッシュペーパーを落とす

合図とともに、ティッシュペーパーを落とします。

2

いきますよ

3

ティッシュペーパーをキャッチする

ティッシュペーパーが落ちてきたら、ティッシュペーパーをキャッチします。

5

回数繰り返して交代する

2から3あるいは4を繰り返し、決められた回数キャッチできたら交代します。

4

ポイント すぐにキャッチできれば上肢の運動

この遊びでは、ティッシュペーパーを取るために腕を上げますが、すぐにキャッチできれば、ほぼ上肢のみの運動となります。しかし、すぐにキャッチできず、落ちてきてしまうと、腕はもちろんですが、体幹や下肢にまで負荷がかかる全身運動になります。

取れない場合は追いかける

3ですぐにティッシュペーパーを取ることができなかった場合でも、床に落ちるまでは追ってキャッチを試みます。ここではティッシュペーパーを落とす人が、より高い位置から落とすため、椅子に乗っています。

注意

距離感に注意する

何組か同時に行う場合は、隣との間隔を広めにとっておきましょう。ティッシュペーパーは不規則な落ち方をするため、予測できない方向まで追いかけてしまい、人や物に衝突する可能性があります。

また、床に落ちる直前まで追いかけた場合、特に腰背部への負荷が大きくなります。腰に不安がある方などは、深追いし過ぎないよう注意してください。

この遊びでは、取れるに越したことはありませんが、必ずしもティッシュペーパーが取れなくても構いません。目と腕を使い、足を使ってティッシュを追いかけることができていれば十分です。

数字でボール押し

2名が両手でボールを挟み、落とさないように挟み続けながら左右の腕で文字を書く

ボールを挟み準備する

1

2名が向かい合い、両手を軽く伸ばして胸の前に出し、お互いの手のひらでボールを挟んで準備します。

2

息を合わせて両腕で『1』を書く

お互いがボールを押し合い落とさないように注意しながら、息を合わせて数字の『1』を両腕で書きます。

応用例

ここでは腕を胸の高さで合わせましたが、より負荷を増そうとするのであれば、手を高い位置に挙げて行ってもよいでしょう。高さが増すほど、負荷も増していきます。

2名が向かい合って立ち、お互いの手のひらを合わせるようにして、胸の前で両方の手のひらにボールを挟みます。この状態から、息を合わせて腕で数字を書いていく遊びです。ボールが落ちないよう、お互いが押し続けなければならないだけでなく、数字を書くために動かす腕の速度や方向も合わせなければいけません。

腕で押し続ける動きは、時間が経つほど辛くなってきます。この遊びでは、特にものをつかんだり運んだりする筋力を高める効果が期待できます。

DATA

- **狙い**
  上肢の特にものをつかむ、運ぶ筋力を高める
- **難易度**
  ★★☆☆☆
- **人数**
  2名一組
- **時間**
  10文字程度
- **用意するもの**
  ボール（テニスボール大）

⑤『0』まで書いていく

『3』を書き終えたら、同様に『4』、『5』と書いていき、『9』の後、『0』まで10文字を書いていきます。

④息を合わせて両腕で『3』を書く

『2』を書き終えたら、続いて数字の『3』を両腕で書きます。

③息を合わせて両腕で『2』を書く

『1』を書き終えたら、続いて数字の『2』を両腕で書きます。このときは、左右のどちらかが自分から見て表から見た数字に、もう一方が相手から見て表になるよう（自分からは裏に見える）に書きます。

 ポイント　力を継続して出し続ける

この遊びは、1文字書くくらいでは、それほど腕に負荷はかかりません。しかし、同じ力の入れ方を続けることで、徐々に負荷が増していきます。そのため、上肢の筋力が弱っている方にとって、10文字続けて書くことは困難かもしれません。そのような場合には、1から3までの3文字などからはじめ、慣れてきたら数を増やすなどの配慮も必要です。

 注意　ペアの身長を合わせる

2名一組で行いますが、ペアの身長差があり過ぎると、背の低い方にとっては、非常に負荷が増します。もう一方の方にとっては、負荷が軽くなることを意味するので、なるべく同身長の方同士でペアを作りましょう。

この遊びは、必ずしも同性同士のペアである必要はありませんが、これらの理由から同性同士でペアを作った方が上手に行える可能性は高いと言えます。

応用例でも触れたとおり、

ボールを繰り返し弾ませる
トランポリンに見立てて
2名でフェイスタオルを広げて持ち、

トランポリン

①

フェイスタオルの四隅を持って準備する

2名が一組となり、1枚のフェイスタオルの四隅を持って緩めに張っておきます。その上に、ボールを乗せて準備します。

応用例

ここではフェイスタオルを使いましたが、バスタオルを用いるなど、タオルの大きさを変えてみてもよいでしょう。タオルが大きくなるほど、操作が難しくなります。
また、新聞紙で作ったボールで行うと、一層難易度が上がります。

2名でフェイスタオルの四隅を持って広げ、その上にボールを乗せます。この状態からタイミングを合わせてフェイスタオルを操作し、トランポリンのように乗せたボールを弾ませる遊びです。『バスタオルでボール渡し（P92）』でも同様の遊びを行いましたが、こちらは同じ運動を連続して行うため、上肢への負荷が増し、より一層効果が期待できます。

まずは10回を目標に弾ませてみて、できるようになったら目標回数を徐々に増やしていくとよいでしょう。

DATA

- **狙い**
  上肢全体の筋力を高める
- **難易度**
  ★★★★☆
- **人数**
  2名一組
- **時間**
  10回程度
- **用意するもの**
  フェイスタオル，ボール（テニスボール大）

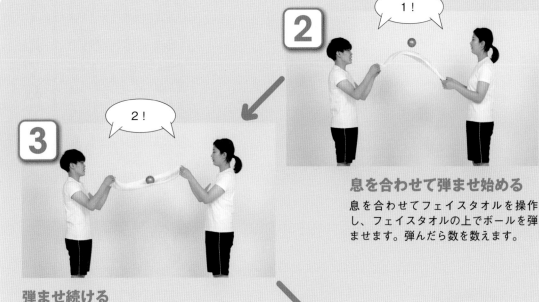

息を合わせて弾ませ始める

息を合わせてフェイスタオルを操作し、フェイスタオルの上でボールを弾ませます。弾んだら数を数えます。

弾ませ続ける

②でボールを弾ませたら、休むことなく連続してボール弾ませ続けます。

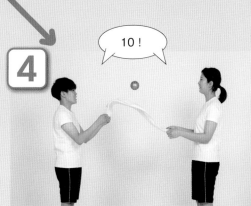

10まで弾ませ続ける

10までボールを弾ませることができたら終了します。

ポイント　腕の強い振りを意識する

『バスタオルでボール渡し（P92）』でも触れましたが、この遊びは腕を上下に強く大きく振らないと、タオルが勢いを吸収してしまうため、なかなかボールが弾んでくれません。そのため、連続した瞬間的な力の発揮が必要です。ただし、弾ませるコツがつかめてくると、力を入れる瞬間、抜く瞬間などが分かってくるので、連続して何度も弾ませることができるようになってきます。

注意　タオルを引きすぎない

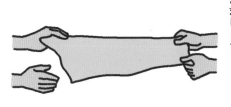

ボールを弾ませるには、なるべくタオルは張った状態の方が望ましいのは間違いありません。しかし、張ろうとして強く引きすぎると、腕に力が入り過ぎて、操作しにくくなります。さらには、強く引くことで相手の手からタオルが抜けてしまう可能性もあります。

また、ボールを追いかけて移動することを考え、他と衝突しないよう間隔を確保しておきましょう。

ボールで数字

椅子に座り両脚でボールを挟みながら、空中に数字を書く

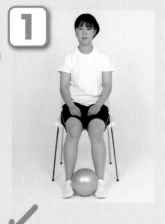

**椅子に座って
ボールを両脚で挟む**

1

実施者は椅子に座り、両脚でボールを挟んで準備します。

2

**脚を浮かせて
『1』を書く**

脚を浮かせて膝を伸ばしたら、ボールを落とさないよう注意しながら、空中に脚で数字の『1』を書きます。

応用例

この遊びでは、最初から10文字書くのは辛いかもしれません。1から始めて3文字、4文字と徐々に数を増やしていってもよいでしょう。なお、基本的にはここで行ったように脚を真っすぐ伸ばして行うのが理想です。しかし、難しいようであれば、膝が曲がっていても構いません。
なお、対戦形式にして、何番まで書けるかを競っても面白いでしょう。

椅子に座り両脚でボールを挟みます。この状態のまま脚を浮かせ、ボールを落とさないよう挟み続けながら、空中に脚で文字を書いていく遊びです。脚を浮かせて文字を書くだけでも脚に負荷がかかりますが、ボールを挟み続けることで、太ももの内側（内転筋）にも負荷をかけることができます。

これらは脚を上げる動きや、前後の脚を元に戻す動きなどで必要な筋肉なので、歩行能力の改善や強化などの効果が期待できます。

DATA

- **狙い**
  下肢全体の筋力を高める
- **難易度**
  ★★★☆☆
- **人数**
  1名
- **時間**
  5〜10文字程度
- **用意するもの**
  ボール（直径30cm程度が望ましい）

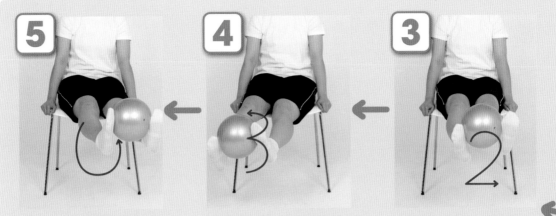

『0』まで書いていく

『3』を書き終えたら、同様に『4』、『5』と書いていき、『9』の後、『0』まで10文字を書いていきます。

続けて『3』を書く

『2』を書き終えたら、続けて数字の『3』を書きます。

続けて『2』を書く

『1』を書き終えたら、続けて数字の『2』を書きます。

太ももの前面と内側、腹筋を意識して行う

脚を浮かせ続けることと上下左右に動かすことで、太ももの前面と腹直筋、腹斜筋を刺激することができます。また、ボールを挟み続けることで太ももの内側である内転筋を刺激することができます。これらの部位に力が入っていることを意識しながら行うことで、より効果的なトレーニングとなります。

注意

膝が悪い人は伸ばして行わない

応用例でも触れたとおり、脚を伸ばして行うのが辛い人は、膝を曲げて行っても構いません。膝が悪く痛みが出ているような場合は、膝を伸ばして行わないよう注意しましょう。

なお、膝を伸ばして挙げる動きは、腰に負担がかかります。上半身はどのような体勢でも構わないので、腰痛を持つ方などは、腰への負担が軽くなるような姿勢を取って行うとよいでしょう。

脚だけを使って風船を蹴り、落とさずに蹴り続ける

風船リフティング

1 風船を持って用意する

実施者は風船を持って準備します。このとき、周囲に人がいないか確認しておきましょう。

2 風船を離して蹴りはじめる

風船を離し、床に落ちないよう蹴ります。ここでは右脚で風船を蹴っています。

応用例

ここでは1名で行いましたが、2名または3名程度で、蹴鞠（けまり）のように蹴り合う方法もあります。この場合、慣れてくるようなら、風船の数を増やして行っても楽しいでしょう。

サッカーのリフティング（ボールを落とさず蹴り続ける動き）を、風船を使って行います。足や膝などの下肢のみを使って風船を蹴り続け、床に落とさず何回蹴り続けることができるかチャレンジします。利き足だけでなく、両足を使うよう意識させましょう。

この遊びでは、脚を挙げる動作や蹴る動作、蹴る際の片脚で体を支える動作により、足指や足裏を含めた下肢全体の筋力を高める効果が期待できます。最初は目標回数を設定するなどして行うとよいでしょう。

DATA

- **狙い**
  足指等を含めた下肢の筋力を高める
- **難易度**
  ★★☆☆☆
- **人数**
  1名
- **時間**
  10秒程度
- **用意するもの**
  風船

5

目標回数または
設定時間蹴り続ける

目標回数、または設定時間蹴り続けます。回数や時間を達成できても余裕がある場合は、そのまま蹴り続けても構いません。

4

一定時間蹴り続ける

ここでは左右の膝で一回ずつ蹴ることを目標に蹴り続けています。

3

風船を蹴り続ける

続けて風船を床に落とさないよう蹴り続けます。ここでは左脚で風船を蹴っていますが、下肢であれば足だけでなく膝で蹴っても構いません。蹴る順番なども気にする必要はありませんので、左右の足と膝を使って蹴り続けます。

ポイント　左右の脚を使う

この遊びは、意識して行わないと、利き足ばかりで蹴るようになってしまいます。また、足より膝で蹴る方が楽なので、蹴ることに慣れてくると膝ばかりを使うようになります。
左右の脚をバランスよく鍛えるためにも、意識的にどちらの脚も、膝だけでなく足も使って蹴るよう指導しましょう。

注意　周囲の状況に注意

この遊びでは、どうしても風船に意識が集中してしまいます。また、風船を蹴るという慣れないことを行うため、バランスを崩したり風船が予測できない方向に行く可能性もあるので、広めの場所で、他の人や物に衝突しない場所で行いましょう。慣れないと手を使ってしまう人もいますが、手を使ってしまう人もいますが、手を使ってはいけません。また、膝に痛みがある人は、無理に行わないよう注意してください。

リズムスタンディング

合図に合わせて、リズムよく脚挙げと起立着席動作を繰り返し行う

椅子に座って準備し、
1の合図を出す

実施者は椅子に座って準備します。指導者は1の合図を出します。

1！

右脚を挙げる

1の合図で、実施者は素早く右脚を挙げます。ただし、挙げて止める必要はないので、挙げたらすぐに下ろし、次に備えます。

応用例

ここでは1名で行いましたが、たとえば施設の入居者全員が同時に行うことも可能です。その場合は、脚を挙げるための前後のスペースを確保して椅子を用意します。
また、あまり人数が多いと順番が回ってきませんが、複数人であれば、順番に実施していってもよいでしょう。

椅子に座った状態から、右脚挙げを1、左脚挙げを2、両脚立ちを3とし、指導者の合図に従ってリズムよく脚を挙げたり、起立や着席を繰り返していく遊びです。最初は1から3までをゆっくり行い、順番を覚えてから行うとよいでしょう。

下肢全体の筋力を強化する効果が期待できますが、動作を番号にすることで、番号と動作を結び付ける必要があるため、脳のトレーニングにもなります。指導者は変則的に数字を出していくとよいでしょう。

DATA

- 狙い
  足指等を含めた下肢の筋力を高める
- 難易度
  ★★☆☆☆
- 人数
  1名
- 時間
  1～3セット程度
- 用意するもの
  なし

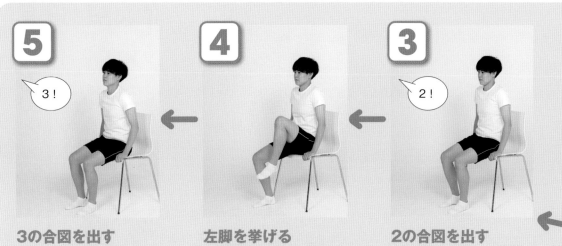

5 3！

3の合図を出す
指導者は3の合図を出します。

4

左脚を挙げる
2の合図で、実施者は素早く左脚を挙げます。ここでも、挙げた左脚はすぐに下ろし、次に備えます。

3 2！

2の合図を出す
指導者は2の合図を出します。

 ポイント 下肢筋力の強化として

基本的にはレクリエーションなので、この遊びの場合、行動と番号を結び付け、リズムに合わせて行動を起こすことでリフレッシュを促します。また、介護予防における筋力強化が期待できます。その場合、例えば『1、1、2、2、3、3』といったように、一回でなく複数回を繰り返して指示するとよいでしょう。より負荷が増すことから、下肢筋力の強化につながります。

6

両脚立ちになる
3の合図で、実施者は素早く立ち上がります。立ち上がったらすぐに座り直し、次に備えます。

注意

立ち上がりの際の膝に注意

この遊びでは、特に立ち上がる動作のとき、膝に痛みがある人はもちろん、不安を抱えている人も注意しましょう。決して無理をする必要はありません。そのような場合は、実施しない判断をすることも重要です。

片方の膝を痛めている場合など、もう一方の脚で痛めている膝を庇いながら運動すると、結果的にもう一方の痛くない脚も痛めてしまう可能性もあります。あくまでもレクリエーション、遊びと割り切りましょう。

足踏みしりとり

しりとりを行う
足踏みから片脚を挙げて、

椅子に座って準備する

実施者は椅子に座って準備します。ここでは3名で行っています。

左、右、
左、右！

足踏みを開始する

実施者は左右を合わせて足踏みを開始します。

応用例

ここでは椅子に座って行いましたが、慣れてきた、あるいはより体力のある人が行うのであれば、立位で行ってもよいでしょう。

椅子に座って足踏みを行い、合図とともに足踏みを止めて片脚を挙げたまま止まります。その状態でしりとりを行う遊びです。3名以上で行う場合は、全員が顔を向き合わせるように座ると、順番が確認しやすくなります。何人で行うにしても、1回で10ワードをしりとりでつなぎ、達成したら脚を下ろします。

この遊びでは、太ももの前側と腹部から脚の付け根付近にかかる筋肉を鍛える効果が期待できます。これらが衰えると、歩行時の歩幅の減少や転倒の危険性が高くなります。

DATA

- **狙い**
  下肢と腹部の筋力を高める
- **難易度**
  ★★☆☆☆
- **人数**
  2名以上（10名程度まで）
- **時間**
  10ワード×2回程度
- **用意するもの**
  なし

4 あさがお！

しりとりを開始する

③で脚を挙げて止まったら、しりとりを開始します。

3 ストップ！

合図で足踏みを止め、脚を挙げる

指導者などの第三者が合図を出したら、片足の膝角度を90度で保持し、挙げたまま止まります。

6 10ワード目 さくら！

10ワードつなぐ

しりとりで10ワードつなぎます。

5 おひさま！

しりとりをつなぐ

③で最初の人が答えたら、順にしりとりでつないでいきます。

7

脚を下ろして再開する

⑥で10ワードつなげたら、脚を下ろして②同様、足踏みを再開します。次の合図で脚を挙げてしりとりを再開する際は、⑥で最後に答えた人から順に、逆回りでつないでいきます。

ポイント　下肢の持久力強化

脚を挙げる動きは、下肢と腹筋などを強化する効果が期待できますが、ここで行ったように静止し体勢を維持することは、瞬間的な力の発揮ではなく、筋持久力が高められます。筋持久力の向上は、その部位が疲れにくくなることを意味し、歩いても疲れにくくなるなどの効果が期待できます。

注意　腹筋の痙攣に注意

この遊びでは、腹部から脚の付け根付近にかかる筋肉（腸腰筋）が痙攣（いわゆる「つる」状態）する可能性があります。腹部周辺がつると、過度な痛みを伴います。つりそうだと思ったら、早めに脚を下ろしてもよいと伝えておきましょう。

また、足踏みの際、足の裏を強く地面（床）にたたきつけるような動作は行わないようにしましょう。つま先やかかとなどを痛める危険性があります。

バスタオル落とし

太ももに乗せたバスタオルを、脚を振って床に落とす速さを競う

椅子に座って準備する
実施者2名が並んで座ります。

ポイント 下肢の瞬発力強化

前項の『足踏みしりとり』では下肢と一部腹筋の筋持久力を高める効果が期待できましたが、この遊びでは静止ではなく、強く脚を振る動作を行っていますので、持久力ではなく、瞬発力を強化する効果が期待できます。また、両脚を左右に振ることで、体幹を安定させる効果も期待できます。

応用例

ここでは2名が同時に行って、落とす速さを競いましたが、2名が向き合って座り、1枚のタオルを使って行うことも可能です。その際は、床に落としたタオルを足で挟んで拾い上げ、向かいに座る相手に渡すと、その運動も下肢の強化につながります。

椅子に座り、膝の上にバスタオルを広げて置きます。この状態から、脚を左右に勢いよく振って、その勢いでバスタオルを床に落とす速さを競う遊びです。着ている服の素材や体力レベルにもよりますが、想像以上に時間を要します。2名が同時に行いますが、5名程度が向き合い、落とす速さを競ってもよいでしょう。

この遊びは、動きそのものはシンプルですが、下肢全体と体幹の中でも主に腹筋の筋力強化が期待できます。

DATA

- 狙い
  下肢と腹部の筋力を高める
- 難易度
  ★★★☆☆
- 人数
  2名
- 時間
  1回程度
- 用意するもの
  バスタオル

バスタオルを膝に乗せる

実施者はバスタオルを広げ、膝の上に乗せて準備します。

脚を振り始める

②でバスタオルを乗せたら、合図とともに脚を左右に強く振って、バスタオルを床に落とします。

バスタオルを落とす

③で脚を振った結果、バスタオルを先に床に落とすことができたら勝ちです。

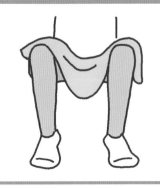

落とすまで続ける

相手が先にバスタオルを落とすことができても、諦めずに落とすまで続けます。

注意　手を使わない、脚を開かない

実際に行ってみると、とても難しい遊びです。なかなか落ちないと、つい手を使いたくなりますが、手は使わずに振り落とすよう指導してください。

また、稀に脚を開いて脚の間から落とそうとする人もいますが、むしろ落ちにくくなりますので、この方法も行わないようにしましょう。

なお、足を横に振る動きは、膝への負担が大きくなります。膝が悪い人や膝に痛みがあるような場合は注意し、無理に行わないようにしましょう。

スローモーション

スローモーションのように、ゆっくり大きくその場歩きを行う

ペットボトルを持つ

両手にペットボトルを持って準備します。両腕は肘を90度に曲げておきます。なお、ペットボトルに入れる水の量によって、腕にかかる負荷を調整できます。

四拍で脚と腕を挙げていく

1、2、3、4と数えながら、四拍でゆっくり片脚と片腕を挙げていきます。ここでは左脚と右腕を挙げています。

応用例

ゆっくり数えるという意味では、四拍ではなく八拍で数えてもよいでしょう。
なお、何名かで同時に行うのであれば、最初の挙げる四拍、下げる四拍、逆で挙げる四拍、下げる四拍それぞれを、ローテーション（持ち回り）で別の人が声を出して数えていくという方法もあります。

その場歩き、つまり足踏みをスローモーションのように、ゆっくり動作を大きく行う遊びです。両手にペットボトルを持ち、1、2、3、4とゆっくり数えながら、四拍で片脚と逆となる片腕を上げ、四拍で下ろし、次の四拍では逆の脚と腕を上げ、さらに次の四拍で下ろすを繰り返します。

競技性はありませんが、四肢と体幹を含む全身の筋力を高める効果が期待できます。

DATA

- **狙い**
全身の筋力と体幹の安定を高める
- **難易度**
★★★☆☆
- **人数**
1名
- **時間**
左右各2〜3回
- **用意するもの**
ペットボトル

四拍目で脚と腕を下ろし切る

4で脚と腕を下ろし始めたら、四拍目で元の状態となるようゆっくり戻します。

四拍で脚と腕を下げていく

3で脚と腕を挙げたら、次の四拍で脚と腕を、ゆっくり下ろしていきます。

四拍目で脚と腕を挙げ切る

2で脚と腕を挙げ始めたら、四拍目で膝が90度に曲がった状態で太ももが床と平行になるまで挙げ、腕も上腕が床と平行になるまで挙げます。このとき、あらかじめ曲げていた肘は90度を保持しておきます。

逆の脚と腕で行う

引き続き2から5を、腕と脚を変えて行います。

ポイント　ゆっくり行う

このレクリエーションは四拍で行うと解説しましたが、同じ四拍であっても、ゆっくり数えたのと早く数えたのでは大きく異なります。ここではバランス感覚、体幹の安定も目的としていますので、ゆっくり動作を行うことで、平衡感覚を養う目的が達成できると考えてください。片足でしっかり立てるようになると、歩行の安定にもつながります。

注意　疲れてくると膝が下がってくる

脚を挙げる時間が長くなると、膝が下がってきてしまうことがあります。下ろす数を数え始めるまでは、太ももが床と平行になっているよう頑張りましょう。

また、片脚で立つことにより、バランスを崩して転倒しないよう注意してください。転倒予防策として、ペアとなって一方が補助したり、自身で補助できるよう壁際で行う、といった方法もあります。

起床と就寝

仰向けの状態（就寝）から、合図とともに素早く立ち上がり（起床）、仰向けの状態（就寝）に戻るまでの時間を競う

1

仰向けになって準備する

実施者は床に仰向けになって準備します。ここでは2名で行っています。

2

起床！

合図で起き上がる

指導者等の第三者の合図で、素早く起き上がります。

応用例

日常生活動作という意味では、起床で起き上がった後、『椅子に座って椅子から立つ』動作などを加えてもよいでしょう。

起床と就寝は毎日欠かさず行われる動きです。ここでは、就寝時の状態である仰向け（仰臥位姿勢）から素早く立ち上がり（起床）、ふたたび仰向けになるまでの時間を競います。

これらの動きには、上肢や下肢だけでなく、腹筋などの体幹なども含め、体全体をダイナミックに動かすことが求められます。そのため、体全体の筋力を効果的に高める効果が期待できると同時に、日常生活動作の訓練も兼ねることができます。

DATA

- 狙い
  全身の筋力を高める
- 難易度
  ★★☆☆☆
- 人数
  2名以上
- 時間
  1回×3セット
- 用意するもの
  なし

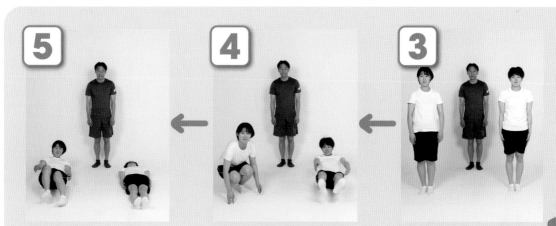

5

手足を伸ばして仰向けになる

4で仰向けになったら、しっかり脚と腕を伸ばします。この状態になったことで就寝の成立とみなし、速さを競います。

4

すぐに仰向けになる

3で気をつけの姿勢が取れたら、止まる必要はありません。すぐに元の状態、仰向けになります。

3

起き上がったら気をつけの姿勢になる

2で起き上がったら、すぐに気をつけの姿勢を取ります。この動作ができたことで、起床の成立とみなします。

ポイント やり方の方法（プロセス）は問わない

仰向けの状態から起き上がる際も、仰向けの状態に戻る際も、そのプロセスは問いません。腕を使って起きても、腹筋の力で上体を起こしても、体を横にしてから上体を起こしても構いません。仰向けになる際も同様です。ここでは、方法ではなく、いかに速く行動できるかを競います。

注意

起床時は腰、就寝時は頭に注意

起床で起き上がる際は、腰を痛めないよう注意してください。腰痛を持っている方は、起き上がるとき、痛みを伴うこともあります。

また、就寝で仰向けになる際は、焦って床で頭を打たないよう注意しましょう。

ボールTOボール

2つのボールを使って、ボールでボールを隣に渡し合ってつないでいく

3名が向き合って準備する

3名は2m程度の間隔を空け、向き合って立ちます。このとき2名はボールを持って準備します。

分かりやすく解説するため、1人目をA、2人目をB、3人目をCとし、AとBがボールを持って準備します。

B　A　C

①

AがBにボールを投げる

ボールを持っているAは、同じくボールを持っているBにボールを投げます。このときは下から山なりにボールを投げます。また、Bが持っているボールで投げられてきたボールを下から打ち上げやすい位置をイメージしてボールを投げます。

②

ポイント

体全体を使ってボールを弾く

隣まで届かせるには、上半身と下半身をタイミングよく、比較的大きな動作で下から弾ませるような感覚で行ってみましょう。可能なら、事前に指導者が投げ方や弾ませ方の見本を見せながら、実施者が行えるようにしておくことが望まれます。

応用例

ここでは3名が向き合いましたが、慣れてきたら人数を増やしたり、縦、あるいは横一列で行うなど、変化を加えてもよいでしょう。真ん中に位置する人は、前後や左右などに体の向きを入れ替える必要も出てきます。その際は、成功したら並び順を入れ替えるなどして行ってください。

また、距離を伸ばして行うという方法もあります。

3名が一組となり、ビーチボール2つを用い、ボールをボールでバウンドさせて隣に送り、ボールでバウンドさせて隣に送り、ボールをボールでバウンドさせてさらに隣に送っていく遊びです。ボールを上手に隣に送るには練習が必要になりますが、ペースがつかめると面白い遊びになります。

体全体をダイナミックに動かすことが求められるため、全身の筋力を高める効果が期待できます。

DATA

- 狙い
  全身の筋力を高める
- 難易度
  ★★★★☆
- 人数
  3名一組
- 時間
  左右回り各1周
- 用意するもの
  ビーチボール（直径30cm程度のもの）

ボールを取って待つ

Cは、3でBから送られてきたボールを取って待ちます。

持っているボールで投げられたボールを下から弾く

2でAから送られてきたボールを、Bは持っているボールで下から弾き、ボールを持っていないCに送ります。

持っているボールで投げられたボールを下から弾く

Bから送られてきたボールを、Cは持っているボールで下から弾き、ボールを持っていないAに送ります。

BがCにボールを投げる

4でCがボールを取ったら、Bは持っているボールを2同様、Cに投げます。

CがAにボールを投げる

7でAがボールを取ったら、Cは持っているボールをAに投げます。

ボールを取って待つ

Aは、6でCから送られてきたボールを取って待ちます。

逆回りで行う

1から9までを逆回りでも行います。

持っているボールで投げられたボールを下から弾く

Cから送られてきたボールを、Aは持っているボールで下から弾き、ボールを持っていないBに送ります。これで1周です。

2名一組が両手で ボールを挟んで進み、 リレーを行う

ペアでボール運び

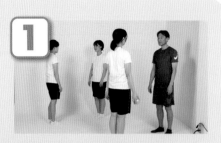

2組が位置について準備する

4名は2名一組となり、間隔を空けて位置に着きます。ここでは撮影のため4名で行い、間隔は2m程度にしていますが、実施者の体力や場所の広さなどを考慮して、間隔を決めましょう。3〜5m程度が適度な間隔です。

1組目はボールを挟んで準備する

2組が位置に着いたら、1組目は2つのボールをお互いの手のひらで挟み準備します。

応用例

ここではゴムボールを使いましたが、新聞紙で作ったボールを使ってもよいでしょう。弾力がないため、一度潰れてしまうと、さらに押し合わなければならず、難易度が増します。

また、ここでは一方向への移動でしたが、たとえばコーンなどで折り返し地点を設定し、姿勢変換動作を取り入れたリレーを行う、といった方法もあります。

『数字でボール押し（P96）』では、2名が一組となり、両手でボールを挟み、その体勢でボールを落とさないように数字を書いていきました。ここでは、同じ態勢から横歩きで移動しリレーを行います。移動を伴うことで、より一層、ボールを押し合う必要があると同時に、息を合わせて移動していくことも求められる遊びです。

ボールを押し合うことで上肢の、移動することで下肢の筋力を鍛えられることはもちろん、これらの動きを行う上で、体幹も鍛えることができます。

DATA

- **狙い**
  全身の筋力を高める
- **難易度**
  ★★★☆☆
- **人数**
  4〜6名（2名一組×2または3）
- **時間**
  2回程度
- **用意するもの**
  ゴムボール（テニスボール大）

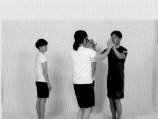

2組目にリレーする

1組目は2組目の位置まで来たら、ボールを2組目に渡します。

息を合わせてボールを運ぶ

合図とともに息を合わせてボールを落とさないよう運びます。このときはお互い向き合ったまま、脚を横に運ぶ横歩きの要領で移動していきます。

2組目はボールを挟む

④でボールを受け取ったら、2組目はお互いの手のひらでボールを挟みます。

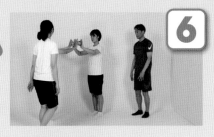

ポイント 負荷のかかる部位を変える

ここではボールをお互いの手のひらで押し合って挟みました。これをたとえば手の甲を使ってボールを挟んだり、背中同士で挟むなどすると、使用する筋肉の部位が変わってきます。必ずしも筋肉を鍛えるために行うものではありませんが、負荷のかかる部位を考えてボールを挟む部位を変えてみてもよいでしょう。

スタート地点に戻る

⑤でボールを挟めたら、2組目はスタート地点に移動します。

注意 体力差、性差などを考慮

この遊びでは、ペアの身長差がありすぎると、背の低い人にとって筋肉により一層の負荷がかかります。また、お互いが押し合うため、力の差がありすぎるペアにならないよう配慮しましょう。これらの理由で、なるべく男女がペアにならないよう配慮するとよいでしょう。

また、手順でも解説しましたが、移動する際は脚を交差させず、継ぎ足のような動き方をしなければいけません。右に移動するのであれば、右足を右に移動させ、左足は右足を超さずに引き付け、すぐに右足を右に移動させる、という歩き方です。

ADL（日常生活動作）エクササイズ

日常で行われる動作を順に行い、すべての動作の速さを競う

仰向けになり準備する

実施者は床に仰向けになって準備します（仰臥位姿勢）。

合図で立ち上がる

合図とともに立ち上がります。起床動作です。

ポイント　各動きを丁寧に行う

この遊びは、日常生活動作における動きを凝縮しています。ここで行ったそれぞれの動きが遂行できれば、少なくともその時点で介護は必要ないと言えるでしょう。そのため、時間を競うとは言っても、それぞれの動きを雑に行ったりせず、正確かつ迅速に行っていくことが重要です。

応用例

いきなり時間を競っても、難しい動きもあります。たとえば豆を箸でつまんで移動させる動作などは、介護の有無に関係なく、難しい動作と言えます。そのため、それぞれの動作を練習してからレクリエーションとして競った方がよいでしょう。

ADL（Activities of Daily Living）とは日常生活動作のことで、具体的には起床、移動（歩行）、食事、衣服の着脱、整容などの動作を指します。これらの動きの一つひとつを種目に見立て、連続して実践し、所要時間を競う遊びです。

身体的な活動量が多くなりますが、すべての動作が行えることは、介護予防の観点で完成形と位置づけられます。慣れるまで難しいかもしれませんが、各動作を練習するなどして、素早く実行できるようにしましょう。

DATA

- 狙い
  全身の筋力を高める
- 難易度
  ★★★★★
- 人数
  1名
- 時間
  1回
- 用意するもの
  ペットボトル、衣服、豆（大豆等）、箸、皿、椅子、三角コーン（マーカー）

衣服の着脱を行う

次に、衣服を着る動作を行います。実施者ご自身の衣服を用意しておきましょう。服を着たら、すぐに脱ぎます。

ペットボトルでアームカールを行う

②で立ち上がったら、ペットボトルを持ち、アームカールを5回行います。手洗い・洗顔等の動作です。

椅子から立ち、歩く

椅子に座り、立ち上がって3m程度先に用意した三角コーンに向かって歩いていきます。歩行動作です。

箸で豆を10個つまむ

次に箸を持ち、用意した豆10個を別の皿に移します。食事動作です。

三角コーンを回る

⑥で歩き始め、三角コーンまで来たら、三角コーンを回って椅子に戻ります。三角コーンを回る動きは、姿勢変換動作です。

椅子に座る

⑦で椅子まで戻ってきたら、一度座り直します。着座動作です。

立ち上がり仰向けになる

⑧で椅子に座ったら、椅子から立ち上がり、床に仰向けになります。臥床動作です。

注意　雑に行わない

ポイントでも触れましたが、このレクリエーションはそれぞれの動きを雑に行わないよう注意してください。怪我などの危険性が高まるわけではありませんが、日常生活動作そのものであり、実施する意味がなくなります。

普段の生活で無意識に行っている日常生活動作ではありますが、「あわてず」「あせらず」「あきらめず」という意識を持ちながらそれぞれの動きを行っていきましょう。

なお、仰向けになる動きのとき、焦って床に頭を打ちつけたりしないよう注意しましょう。

手のひら返し

一方が手のひらを上に、もう一方が手のひらを下に向けてお互いの手のひらを合わせて、避ける・叩くを競う

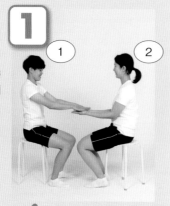

椅子に座り、手のひらを重ねて準備する

実施者2名は向かい合って椅子に座り、1と2の番号を割り振っておきます。どちらか一方が手のひらを下に、もう一方が手のひらを上に向けて重ねます。このとき、お互いの手のひらは着けるのではなく、数センチ離しておきましょう。

番号を指定する

指導者などの第三者は、1または2と声を出して指定します。指定方法は声でなくても構いません。紙やホワイトボードに『1』と『2』の数字を書いておき、提示する方法もあります。

応用例

ここでは2名一組で行いましたが、複数名が輪になって座り、『1』と『2』を交互に割り振ります。そして、両手を外側に開いて隣と重ねれば、同時に何名でも行うことが可能です。ただし、この場合は奇数ではなく偶数の人数で行いましょう。また、『1』と『2』以外の数字を入れ、その際は「なにもしない」というルールを設けておくと、より判断力が要求され、楽しめる遊びになります。

2名で行う遊びです。それぞれに1と2の番号を割り振り、一方が手のひらを下に、もう一方は手のひらを上に向けて重ね合わせます。この状態から、自分に割り振られた番号を指定された側が、相手の手を叩く遊びです。手のひらを下に向けて上に重ねている側が叩く場合は、そのまま手を落とし、下に重ねている側はすばやく手を引いて避けようとします。手のひらを上に向けている側が叩く場合は、両手を素早く上に移動させながら手のひらを下に向けて叩かなければいけません。

DATA

- **狙い**
  集中力と判断力を高める
- **難易度**
  ★★☆☆☆
- **人数**
  2名一組
- **時間**
  表裏を変えて各5回程度
- **用意するもの**
  なし

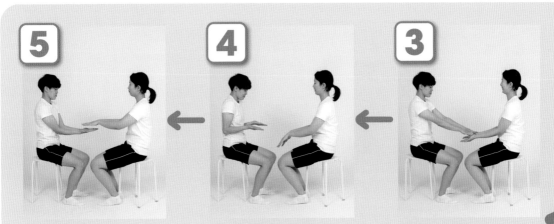

上下を変えて繰り返す

④で5回程度行ったら、手のひらの向きを入れ替えて同様に繰り返します。

5回程度繰り返す

②と③を5回程度繰り返します。指導者は提示する番号（実施する側）が偏らないよう注意してください。

判断して叩く、避ける

実施者2名は、②で指導者が指定した数字を聞き、自分が叩く側なのか、避ける側なのかを素早く判断します。ここでは『1』を指定したので、『1』を割り振られた側が相手の手を叩きます。『2』を割り振られている側は、叩かれないように、素早く両手を引いて避けます。ここでは『2』が手を叩かれています。

ポイント　判断と反応性

この遊びは、自分に割り振られた番号が提示されたのか、あるいは提示されなかったのかを瞬時に判断し、その判断に基づく対応をする必要があります。提示された側は、『避ける』動きは行わず、瞬時に『叩く』動きを行い、提示されなかった側は『叩く』動きは行わず、『避ける』動きを行います。どちらの動きも、瞬時に判断し瞬時に行動するからこそ『叩ける』『叩かれない』となり、判断と行動が遅くなれば、『叩けなかった』『叩かれてしまった』となる点を意識して行いましょう。

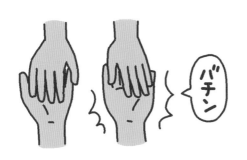

バチン

注意　強く叩かない

番号を指定された側が相手の手のひらを叩く際、強くならないよう注意してください。叩くというより、手のひらを素早く下ろして相手の手のひらに触れるようなイメージがよいでしょう。なお、この遊びを行う時は、誤って相手の手を傷つけることがないよう、指輪などの装飾品を外したり爪を短くしておくなどの配慮も必要です。

オリンピックリレー

リレーで行われるバトンパスを、縦一列に並びスムーズに行う

縦に一列に並んで準備する

実施者4名は縦一列に並びます。前後の間隔は、前方の人が手を後ろに出したとき、後方の人が手を前に出してペットボトルを渡せる距離にしておきます。また、最後尾の人はペットボトルを持っておきます。

ポイント　イメージ通りに体を動かす

この遊びは、自分の動きと他者の動きをイメージし、ペットボトルを渡す側がタイミングを合わせてイメージ通りの動きをする必要があります。パスを受け取る側も、体を動かしながらも集中力を持って声を待ち、手に当てられたタイミングを逃さず、ペットボトルをつかまなければいけません。イメージしたものをその通りに行おうとすることで、脳を活性化する効果が期待できます。

応用例

スムーズにパスできるようになったら、左右を入れ替えて行ってみましょう。
また、軽くジョギングなどをしながら、実際に体を移動させた状態でバトンパスを行ってみましょう。

陸上のリレー競技で行われるバトンパス。スムーズにバトンをパスするには、後方から渡す側が適切なスピードと声かけでタイミングを合わせることが必要とされています。この遊びは、ペットボトルを後方から順に前方へと息を合わせてバトンパスしていきます。最初はスムーズにパスすることはできませんが、練習を重ねていくことが必要です。動きの中でタイミングを計り、イメージ通りのタイミングでイメージ通りの動きをすることが求められます。

DATA

- 狙い
  集中力と判断力を高める
- 難易度
  ★★★★★
- 人数
  4名一組
- 時間
  1回程度
- 用意するもの
  ペットボトル

全員が腕を振り始める

最後尾4列目の人は、ペットボトルを右手に持ちます。このとき、飲み口側が手前にくるように持っておきます。合図で全員が腕を振り始めます。

タイミングを合わせて3列目にパスする

3で声をかけると、直後に前列の人の左手が後ろに来たとき、ペットボトルを持つ自分の右手が前に来ます。
このタイミングで前列の左手にペットボトルのバトンをパスします。

タイミングを合わせて声をかける

はい

3列目の人は、3同様、2列目の人の右手が前にあり、かつ、ペットボトルを持つ自分の左手が後ろに来たタイミングで、「はい」と声をかけます。

タイミングを合わせて1列目にパスする

7でペットボトルを受け取ったら、2列目の人はペットボトルを同様に持ち替え、タイミングを合わせて最前列の人の左手にペットボトルのバトンをパスします。

タイミングを合わせて声をかける

はい

2で腕を振り始めたら、4列目の人は前列3列目の人の腕の振りを見て、前列の人の左手が前にあるとき、ペットボトルを持つ右手が後ろに来たタイミングで、「はい」と声をかけます。

ペットボトルを持ち替える

4でペットボトルを受け取ったら、3列目の人はペットボトルの飲み口が手前に来るよう持ち替えます。ペットボトルの飲み口を手前にする理由は、パスを受け取る側がペットボトルを握りやすくするためです。

タイミングを合わせて2列目にパスする

6で声をかけると、直後に前列の人の右手が後ろに来たとき、ペットボトルを持つ自分の左手が前に来ます。このタイミングで前列の右手にペットボトルのバトンをパスします。

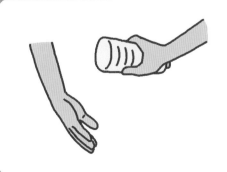

注意

何度も練習する

この遊びは、何度も練習して、呼吸を合わせる必要があります。どうしても合わないようなら、声を出して腕を振るテンポを合わせて行ってみましょう。

なお、パスを受け取る側は、腕を後方に振ったとき、高い位置まで挙げないと、後方の人がペットボトルを渡しにくくなります。また、高い位置の方が取りやすくなるので、なるべく腕を高く挙げるよう指導してください。

脈をとろう！
リズムに合わせて脈の取れる位置を番号順に触れていく

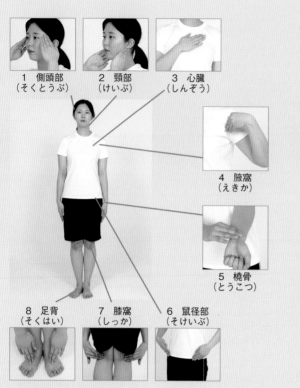

1 側頭部（そくとうぶ）　2 頸部（けいぶ）　3 心臓（しんぞう）
4 腋窩（えきか）　5 橈骨（とうこつ）
6 鼠径部（そけいぶ）　7 膝窩（しっか）　8 足背（そくはい）

部位を覚える
まずは、脈が取れる部位をすべて知らせ、覚えてもらいます。

応用例
脈が取れる部位を覚えられたら、順番に触れていくのではなく、1名が部位を指定し、その部位に触れるといったように、部位当ての要素を取り入れてみてもよいでしょう。部位の名称ではなく、割り振った番号で指定し、その部位に触れるという方法もあります。

DATA
- **狙い**
  集中力と判断力を高める
- **難易度**
  ★★★★★
- **人数**
  1名、または2名一組
- **時間**
  2往復程度
- **用意するもの**
  なし

人間には脈を取ることができる部位が少なくとも8か所あります。この8か所に番号を割り振り、リズムに合わせて番号順に触れていく遊びです。脈を取ることができる部位を覚え、かつ、割り振られた番号に置き換え、瞬時に判断できる能力が求められます。同時に、その部位に触れる、という判断力と実際の行動も求められるため、脳を働かせ続けることができます。

また、バイタルサイン（生命兆候）を確認するためにも知識として習得しておいてもよいでしょう。

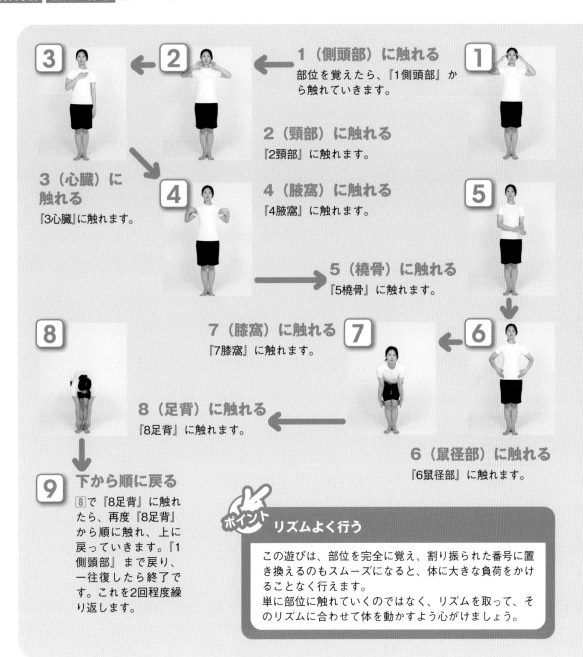

3 **2** **1（側頭部）に触れる**
部位を覚えたら、『1側頭部』から触れていきます。

1

2（頸部）に触れる
『2頸部』に触れます。

3（心臓）に触れる
『3心臓』に触れます。

4 **4（腋窩）に触れる**
『4腋窩』に触れます。

5

5（橈骨）に触れる
『5橈骨』に触れます。

8 **7（膝窩）に触れる** **7**
『7膝窩』に触れます。

6

8（足背）に触れる
『8足背』に触れます。

6（鼠径部）に触れる
『6鼠径部』に触れます。

9 **下から順に戻る**
⑧で『8足背』に触れたら、再度『8足背』から順に触れ、上に戻っていきます。『1側頭部』まで戻り、一往復したら終了です。これを2回程度繰り返します。

ポイント リズムよく行う

この遊びは、部位を完全に覚え、割り振られた番号に置き換えるのもスムーズになると、体に大きな負荷をかけることなく行えます。
単に部位に触れていくのではなく、リズムを取って、そのリズムに合わせて体を動かすよう心がけましょう。

注意

下肢筋が低下している人は座位でおこなう

ここでは立位で行うことを想定していますが、特に下肢の筋力が低下していたり、腰や膝に痛みを抱えているなどの場合は、椅子に座って行ってもよいでしょう。筋肉に大きな負荷がかかる動きではありませんが、立位で行う場合、特に下半身の部位に触れる際、膝などに負荷がかかる可能性もあります。

また、各部位に触れる際、指の先などで強く押さえると、直接皮膚に触れる場所（側頭部、頸部、橈骨部）では指や皮膚を傷つけてしまう可能性もあるため、柔らかく触れるようにしましょう。

レクリエーションが有効な理由

　これまで体力別のレクリエーションを紹介してきましたが、いかがでしたでしょうか？

　本書で紹介してきたレクリエーションですが、皆さんは、このレクリエーションをどのような目的で取り入れようと思われたでしょうか？
　私は、レクリエーションを行う目的として、主に以下の3つが挙げられると考えています。

①楽しい時間を過ごすため
②体を動かし、健康の効果を得るため
③入居者さん同士の、または職員との人間関係を構築するため

　上記以外にも目的は数多くあるかもしれません。実のところ、数多くある目的の中で私が特に重要と考えているのは、『①楽しい時間を過ごすため』です。
　意外に思われたでしょうか？
　しかし、高齢者の方々がレクリエーションを行うことを楽しいと感じられれば、また行いたいと思ってもらえるはずです。「また行いたい」ということは、継続して体を動かす機会を得ることになります。私は、この「継続して体を動かす機会」こそが、介護予防を実現していく上で、非常に重要だと思っています。
　本書の冒頭で触れましたが、ヒトの肉体（筋肉）は、動かさないと徐々に萎縮し、若い健常者であっても、一週間も寝たきりでいると、立つことさえ辛く感じるようになるでしょう。
　したがって、継続的に体を動かすことは、介護予防においてとても重要になるのです。その「継続的に体を動かす」ことに対するきっかけや動機付けとして、レクリエーションは最適であると考えます。『②体を動かし、健康の効果を得るため』が主目的となった場合、そもそもレクリエーションである必要はありません。場合によっては筋力トレーニングを行う方がよほど効果的でしょう。ただし、この場合、継続して実践したいと思ってもらえる動機付けと指導者の工夫が必要になります。
　『③入居者さん同士の、または職員との人間関係を構築するため』の場合であれば、テーブルを囲んでの雑談の場でも構わないわけです。しかし、体力的な意味合いでの健康効果を得ることは困難だと言えるでしょう。

　繰り返しになりますが、レクリエーションを行う最たる目的は、継続して体を動かすことです。身体活動を止めない、という言い方もできるでしょう。その結果、②の目的である健康や体力に対する効果も期待できるようになります。さらには、高齢者の方々が一堂に会してコミュニケーションを図り、笑ったり協力し合いながら目的を達成させようとすることで、人間関係を深めていくことにもつながるでしょう。
　他の効果として、気分転換やストレス発散といったものも挙げられます。

　継続して体を動かすようになると、歩ける距離が長くなった、疲れにくくなった、つまづいて転びそうになることが減った、といったような効果が、日々の生活の中で実感できるようになってくるはずです。このような改善を実感できるようになると、健康に対する意識はより強くなり、より健康になりたいと、さらに前向きになっていきます。この思考こそが、健康寿命を延ばす上で重要だと思うのです。

　決して無理強いせず、楽しく遊んで「また遊びたい」という気持ちを引き出してあげてください。

著者 **中村　容一**（なかむら　よういち）

1964年京都生まれ。同志社大学卒業後、大塚製薬株式会社（現：大塚ホールディングス）にて医薬情報担当者に10年間従事。筑波大学大学院博士課程体育科学研究科修了。博士（体育科学）。同大学院人間総合科学研究科研究員を経て、現在、豊岡短期大学教授。特定非営利活動法人日本介護予防協会理事長・専任講師。社団法人日本ウォーキング協会専任講師を兼務。

著書に「介護予防に効く『体力別』運動トレーニング　現場で使える実践のポイント」（メイツ出版）、「介護予防のためのウォーキング」（黎明書房）、「健康の科学」（金芳堂）、「スポーツ健康科学」（文光堂）、「中高齢者のための運動プログラム（基本編）」、「中高齢者のための運動プログラム（病態別編）」（いずれもNAP）、「健康運動のための支援と実際」（金芳堂）、「介護予防のための体力測定とその評価」（日本介護予防協会編）等。

 特定非営利活動法人日本介護予防協会

2005年に特定非営利活動法人として発足し、同時に介護予防指導士（民間資格）の養成を開始。近年におけるフレイル、ロコモティブシンドローム、サルコペニアといった介護に繋がる可能性のある身体状態の予防をねらいとし、また高齢者のQOL（生活の質）向上に必要な栄養や口腔、認知症について、どのような知識と実践が重要であるかを訴求している。
資格保有者数は6000名（令和4年12月現在）を超え、介護福祉士、看護師、理学療法士、作業療法士、運動系指導者等を中心に、その多くが介護予防の現場で活躍している。介護予防指導士養成講習は、介護予防の概論から各論まで、その領域の専門講師による講義および実技で構成されており、対面講習のみならず、インターネット上でのeラーニングでも受講が可能である。

https://www.kaigoyobou.org/

● 著者
中村　容一（なかむら　よういち）

1964年京都生まれ。同志社大学卒業後、大塚製薬株式会社（現：大塚ホールディングス）にて医薬情報担当者に10年間従事。筑波大学大学院博士課程体育科学研究科修了。博士（体育科学）。同大学院人間総合科学研究科研究員を経て、現在、豊岡短期大学教授。特定非営利活動法人日本介護予防協会理事長・専任講師。社団法人日本ウォーキング協会専任講師を兼務。

STAFF
● 企画・編集
　冨沢　淳

● 写真
　有限会社アーネスト
　丸山　尚

● Design & DTP
　河野真次

● モデル
　江口琉花
　小熊　蘭
　佐藤　凜

介護予防に効く　楽しい「体力別」レクリエーション 現場で使える実践のポイント

2023年2月20日　　　第1版・第1刷発行

著　者　中村　容一（なかむら　よういち）
発行者　株式会社メイツユニバーサルコンテンツ
　　　　代表者　大羽　孝志
　　　　〒102-0093東京都千代田区平河町一丁目1-8
印　刷　シナノ印刷株式会社

◎『メイツ出版』は当社の商標です。

ご意見・ご感想はホームページから承っております。
ウェブサイト　https://www.mates-publishing.co.jp/

編集長：堀明研斗　企画担当：堀明研斗